AF346594

TU PENSES
L'ŒUVRE
IMP.
C. MOTTEROZ

Direction des Musées Nationaux

Donation

du baron

Charles Davillier

Catalogue des Objets exposés

au

Musée du Louvre

par

Louis Courajod

Conservateur adjoint de la Sculpture et des objets d'Art du Moyen Age
de la Renaissance et des temps modernes

et

Émile Molinier

Attaché au même département.

Paris

Imprimeries réunies — C

Rue du Four, 54 bis.

—

1885

Donation

du baron

Charles Davillier

Direction des Musées Nationaux

Donation

du baron

Catalogue des Objets exposés

au

par

Louis Courajod

Conservateur adjoint de la Sculpture et des objets d'Art du Moyen Age
de la Renaissance et des temps modernes

et

Émile Molinier

Attaché au même département.

Imprimeries réunies — C
Rue du Four, 54 bis.

1885

LE BARON CHARLES DAVILLIER

Palais du Louvre, 25 Juillet 1885.

Monsieur le Directeur,

J'ai l'honneur de soumettre à votre examen les épreuves du Catalogue de la Collection du baron Charles Davillier, travail dont j'avais, avec votre autorisation, confié la rédaction à M. Louis Courajod, conservateur adjoint de mon département, et à M. Émile Molinier, attaché au même département.

M. Courajod a rédigé les notices de la sculpture, des émaux peints, des meubles et des tissus; M. Molinier celles des plaquettes, des médailles, de l'orfèvrerie, de la céramique et de la verrerie.

Je vous prie, Monsieur le Directeur, si vous approuvez ce Catalogue, de vouloir bien me permettre d'en faire faire le tirage.

Agréez, Monsieur le Directeur, l'expression de mes sentiments dévoués et de ma haute considération.

Le Conservateur de la Sculpture et des Objets d'art
du Moyen Age, de la Renaissance et des temps modernes,

E. SAGLIO.

Approuvé.

Le Directeur des Musées nationaux,

L. DE RONCHAUD.

LE BARON CHARLES DAVILLIER

NOTICE BIOGRAPHIQUE

Le 1ᵉʳ mars 1883, le monde des érudits et des amateurs a fait une perte bien sensible : un éminent collectionneur parisien lui a été subitement enlevé. La mort imprévue du baron Davillier n'a pas seulement ému douloureusement les nombreux amis qu'avaient attachés à ce galant homme les qualités les plus délicates du cœur et de l'esprit. La presse, par des regrets unanimes immédiatement exprimés, a montré en même temps la place considérable qu'occupait dans l'opinion publique le savant qui venait, avant l'heure, de disparaître au moment où il était dans toute la force de son talent et dans le plein exercice de son activité.

Le baron Jean-Charles Davillier naquit à Rouen le 27 mai 1823. Petit-fils d'un gouverneur de la Banque de France, il aurait pu se faire, par ses relations, une grande position dans le monde de l'argent; mais il n'avait pas hérité des aptitudes spéciales qui ont assuré à sa famille une légitime et honorable réputation dans la haute finance et dans l'industrie. Après un effort loyalement tenté, après s'être convaincu qu'il n'aurait jamais la vocation de financier ou d'industriel, Charles Davillier résolut de consacrer sa vie aux études vers lesquelles il se sentait porté. Très heureusement doué par la nature, ayant reçu de naissance l'instinct spécial du collectionneur, il ne voulut pas se borner, comme tant d'autres, à ne demander aux arts que des jouissances intelligentes et des distractions raffinées. Esprit observateur et d'une rare sagacité, il ne se livra pas à l'art et à la curiosité en simple dilettante. Dès le début, il s'appliqua à mettre à la disposition de ses goûts d'amateur la science consommée d'un érudit et les hautes vues d'un historien.

Pendant près de trente ans, Charles Davillier parcourut presque toutes les contrées de l'Europe, principalement l'Espagne et l'Italie, visitant les musées et les églises, butinant dans les archives et les bibliothèques, recueillant pièce à pièce, dans des conditions exceptionnellement avantageuses, la plupart des objets de sa collection. Après chaque voyage, le nomade amateur rentrait au logis, riche des dépouilles glanées ou conquises le long du chemin, plus riche encore en fécondes observations. C'est ainsi qu'il assit sur des bases solides, par la méthode la plus rigoureusement scientifique, la remarquable doctrine qui avait fait de lui un arbitre et un maître indiscutés en matière de curiosité.

Davillier attendit longtemps avant d'écrire. Modeste et prudent, il ne prit la plume que lorsqu'il se sentit sûr de lui. Dédaigneux des travaux de simple vulgarisation, il estimait que ce n'est pas savoir assez que de ne pas pouvoir ajouter à la science des autres, et il aimait les sujets où tout est à découvrir. Les problèmes difficiles l'attiraient. Il étudia ainsi, une à une, quelques-unes des branches les moins connues de la curiosité, et il coordonna dans de substantielles monographies le résultat des enquêtes qu'il ouvrait au cours de ses voyages ou la somme de renseignements qui découlaient de ses lectures et de ses vastes dépouillements d'archives. Il débuta par une Histoire des faïences hispano-moresques à reflets métalliques (Paris, 1867, in-8°). Jusqu'à la découverte de Riocreux, qu'il transforma en une démonstration scientifique, ces faïences avaient été confondues avec les produits de la céramique italienne. Le Mémoire justement remarqué dont la Gazette des Beaux-Arts [1] *a signalé la première les ingénieuses conclusions, a établi d'une façon péremptoire la provenance, désigné les lieux de fabrication et défini le caractère de la majolique espagnole. Au milieu d'un article inséré en 1865 dans la* Gazette des Beaux-Arts [2], *sous le titre* Nicoloso Francisco, peintre céramiste italien, établi à Séville (1503-1508), *l'auteur a complété l'étude des rapports qui existèrent entre les deux péninsules dans l'art spécial du potier. Il publiait presque en même temps une* Histoire des faïences et porcelaines de Moustiers, Marseille et autres fabriques méridionales *(Paris, 1863, in-8°). C'est un chapitre important des annales d'une industrie française dont l'organisation et le développement sont retracés à l'aide de documents positifs* [3]. *Fidèle à ce début, Davillier ne cessa de porter toute sa vie un vif intérêt à la céramique. Il publia encore sur cette matière préférée les deux ouvrages suivants :* La Faïence, poème de Pierre de Franay, *suivi de* Vasa Faventina, carmen (1735), *avec une introduction sur les prix de la faïence et sur sa place dans la curiosité au siècle dernier (Paris, 1870, in-8°), et* Les Porcelaines de Sèvres de Madame Du Barry, *d'après les mémoires originaux de la Manufacture royale, avant-propos et notes sur le prix des porcelaines de Sèvres au* xviiie *siècle (Paris, 1870, in-8°). Il avait réimprimé, en le faisant précéder d'un avant-propos, l'*Essai sur l'art de restaurer les faïences, porcelaines, etc., *de P. Thiaucourt (Paris, 1865, in-12). Son dernier ouvrage était encore consacré à la céramique. En voici le titre :* Les origines de la porcelaine en Europe, les fabriques italiennes du xve au xvie siècle, *avec une étude spéciale sur les porcelaines des Médicis (Paris, 1882, grand in-4°). C'est une très remarquable et très savante monographie, où une branche presque inconnue de la curiosité, représentée par de rarissimes objets, est traitée d'une manière définitive.*

[1] T. XIII, p. 265-281.

[2] T. XVIII, p. 217-228.

[3] Voir ce qu'a dit de ce travail la *Gazette des Beaux-Arts*, T. XV, p. 250-267, 360-376.

L'art du mobilier au xviiie *siècle, avec ses suprêmes élégances, la curiosité et son personnel à la même époque, avaient piqué l'attention de Davillier. Il interrogea avec persistance cette période de l'art, que son apparente frivolité ne doit pas soustraire aux investigations de la science. Il substitua des faits précis et des appréciations raisonnées aux éloges dithyrambiques dont les arts décoratifs des règnes de Louis XV et Louis XVI avaient été précédemment l'objet de la part de leurs admirateurs.* De cet examen sortirent les livres et les opuscules suivants : Le cabinet du duc d'Aumont et les amateurs de son temps, *catalogue de sa vente avec les prix, les noms des acquéreurs, trente-deux planches d'après Gouthière, accompagné de notes et d'une notice sur Pierre Gouthière, sculpteur et ciseleur du roi (Paris, 1870, in-8°);* Une vente d'actrice sous Louis XVI, mademoiselle Laguerre, *de l'Opéra, son inventaire, meubles précieux, porcelaines de Sèvres, cristal de roche, etc., avec une introduction et des notes (Paris, 1870, in-8°);* L'Antiquaire, *comédie en trois actes (1751), précédée d'une étude sur les curieux dans les pièces de théâtre (Paris, 1870, in-8°);* L'Amateur, *comédie en un acte (1766), précédée d'un avant-propos (Paris, 1870, in-8°);* La vente du mobilier du château de Versailles pendant la Terreur, documents inédits *(Paris, 1877, in-8°). Cette plaquette est la réimpression d'un article publié par la* Gazette des Beaux-Arts [1]. *Une rapide excursion dans le domaine de l'histoire de la tapisserie française au commencement du* xviiie *siècle inspira aussi à Davillier une curieuse notice intitulée* Une manufacture de tapisseries de haute lice, à Gisors, sous Louis XIV, documents inédits sur cette fabrique et sur celle de Beauvais *(Paris, 1876, in-8°). L'art industriel du tapissier avait provoqué de bonne heure son attentive sympathie, et il avait réuni dans son cabinet, comme on le verra plus loin, de très remarquables produits de la peinture en matières textiles.*

Étendant le domaine plus spécial de ses recherches, il rédigea pour

---

[1] T. XIV, 2e période, p. 146-156, 451-457.

les Maîtres ornemanistes *de M. Guilmard (Paris, 1880, in-4°), une concise et savante introduction.*

Si le baron Davillier avait voyagé presque partout en Europe, une prédilection marquée le ramenait toujours vers l'Espagne, qu'il connaissait à fond, où il comptait de nombreux amis, et dont il parlait très purement la langue. Il écrivit sur ce pays un ouvrage devenu populaire sous ce titre : L'Espagne *(Paris, 1874, in-4°), et qui parut d'abord dans le* Tour du Monde; *le livre a été illustré par Gustave Doré. Aux qualités nouvelles de conteur dont il a fait preuve dans ce pittoresque récit de voyage, l'auteur n'a pas manqué de joindre sa compétence habituelle en matière d'œuvres d'art et sa perspicacité reconnue d'amateur. Le chapitre XXVIII est intitulé :* « La curiosité au point de vue des objets espagnols. — La vente des bijoux de Notre-Dame del Pilar. — L'orfèvrerie. — Les armes et le travail du fer. — La céramique et la verrerie. — La sculpture. — L'ameublement. — Les tissus. — Les miniatures et la gravure. — Les amateurs. » *Il était donc naturel que certains arts espagnols, trop inconnus jusque-là, sollicitassent plus spécialement sa plume et attendissent de lui qu'il justifiât, par quelques révélations, les hommages qu'il leur rendait en les plaçant tout d'un coup en pleine lumière. Cette espérance n'a pas été déçue. Sans compter le* Traité sur les faïences hispano-moresques, *Davillier a consacré à l'Espagne les publications suivantes :* Mémoires de Velazquez sur quarante et un tableaux envoyés par Philippe IV à l'Escurial, *avec introduction, traduction, notes, et un portrait de Velazquez gravé par Fortuny* [1] *(Paris, 1874, in-8°);* — Notes sur les cuirs de Cordoue, guadamaciles *d'Espagne (Paris, 1878, in-8°);* — Les arts décoratifs en Espagne, *travail entrepris à propos de l'Exposition du Trocadéro, et qui parut d'abord dans l'*Art [2] *(Paris,*

---

[1] Cette planche vient d'être offerte en don à la chalcographie du Musée du Louvre par Mme la baronne Davillier.

[2] T. XVII, 1879, p. 49-72.

1879, in-8°); — Recherches sur l'orfèvrerie en Espagne, au Moyen âge et à la Renaissance [1].

Nous nous arrêtons un moment sur ce dernier et important ouvrage. Il mérite en effet une analyse qui montrera comment étaient conçus les travaux du baron Davillier.

L'Espagne a été de tout temps le pays des métaux précieux et la patrie prédestinée de l'orfèvrerie. L'auteur trace d'abord un historique des développements de cet art en Espagne. Il signale les époques de progrès et de décadence depuis les plus anciens témoignages jusqu'au xviie siècle. Chemin faisant, il traite de la constitution des corporations d'orfèvres, des lois qui régissaient ces associations et de la situation politique et sociale faite à leurs membres. A l'aide de descriptions contemporaines, il nous transporte dans la boutique d'un praticien, nous fait assister aux fontes innombrables qui ont épuisé les plus beaux et les plus vieux trésors et détruit les plus nobles spécimens de l'art étudié par lui. Il a patiemment relevé, dans d'anciens inventaires, la description de quelques objets que nous possédons encore ou dont nous connaissons les similaires. Il nous fournit ainsi, sur ces objets, des indications certaines de date, de provenance et de destination. Enfin il donne une liste chronologique — accompagnée de notices biographiques souvent étendues — de tous les orfèvres espagnols dont il a rencontré le nom dans les documents ou dont il a déchiffré la signature ou le monogramme sur des œuvres d'art. Cette liste est fort longue, bourrée de faits, gonflée de dates et de renseignements graphiques. Des planches, gravées en taille-douce, reproduisent des dessins exécutés et signés par un grand nombre d'artistes du xvie siècle, pour satisfaire aux exigences d'un règlement d'administration publique. Si les archives trop fermées de l'Espagne n'eurent pas de secret pour le baron Davillier, l'auteur ne connut pas moins bien les trésors des églises de la péninsule ibérique, ses musées et les pièces d'orfèvrerie sorties de son

[1] Recherches sur l'orfèvrerie en Espagne, au Moyen âge et à la Renaissance, documents tirés des Archives espagnoles, dix-neuf planches gravées à l'eau-forte d'après d'anciens dessins de maîtrise, dessins dans le texte par Fortuny, Édouard de Beaumont, Madrazo, etc. Paris, A. Quantin, 1879. Un vol. in-4° de VI-286 p.

territoire et dispersées dans les collections publiques et privées de l'Europe. Documents et monuments lui étaient également familiers et s'éclairaient réciproquement dans son esprit et sous sa plume. De cette confrontation perpétuelle des uns et des autres, de cette méthode excellente et scrupuleusement scientifique, résulte la création d'un certain nombre d'étalons et de types caractéristiques. Ce sont les bases d'un criterium sérieux. A l'aide de ces types soigneusement déterminés et élucidés, on pourra désormais dater et attribuer avec certitude un grand nombre d'objets appartenant à l'art espagnol du Moyen âge et de la Renaissance. L'histoire générale de l'art dans tous les pays profitera elle-même beaucoup de ces recherches raisonnées et de ces renseignements positifs. Le baron Davillier a fait à la fois œuvre d'artiste et œuvre d'érudit. Son livre, beau à voir et intéressant à lire, est de ceux qu'il sera toujours utile de consulter.

Au moment de sa mort, Davillier composait encore une histoire de la verrerie espagnole d'après des documents inédits, et il préparait une seconde édition de son Histoire des faïences hispano-moresques.

L'art moderne de l'Espagne ne l'avait pas non plus trouvé indifférent. Des relations l'unissaient aux premiers artistes de ce pays, qui se firent souvent ses collaborateurs. Le plus célèbre d'entre eux, Fortuny, fut son intime ami, et, quand le peintre mourut prématurément, Davillier paya à sa mémoire un généreux tribut de regrets [1].

L'Italie eut aussi une bonne place dans les travaux du baron Davillier. La majeure partie des objets de sa collection sont italiens. Il a écrit, sur la porcelaine florentine des Médicis, un mémoire magistral dont nous avons déjà parlé. Il préparait, sur les verres églomisés et sur les émaux peints italiens, deux études que la mort est venue interrompre.

[1] Atelier de Fortuny, œuvre posthume, objets d'art et de curiosité. Notices en collaboration avec MM. Ed. de Beaumont et A. Dupont-Auberville. Nombreux dessins d'après Fortuny. Paris, 1875, in-8°.—Fortuny, sa vie, son œuvre, sa correspondance, avec 5 dessins inédits en fac-similé et deux eaux-fortes originales. Paris, 1875, in-8°.

Les ouvrages de Charles Davillier sont inséparables de sa collection, ou, si l'on veut, cette collection raconte et commente sa vie d'érudit. De tous les objets dont il a si bien disserté, de tous les genres de curiosités qu'il avait étudiés avec amour, Davillier possédait chez lui d'importants spécimens. C'était peu pour lui de connaître, dans chaque série, les principaux monuments répandus de tous côtés; il avait voulu s'entourer de quelques-uns de ces monuments eux-mêmes, sur lesquels il aiguisait en quelque sorte sa clairvoyance et qu'il avait toujours sous la main pour appuyer la démonstration qu'un ami ou un disciple venait lui demander. Ce qui distingue avant tout cette réunion d'objets d'art, c'est le caractère scientifique que lui a imprimé celui qui l'a formée, c'est l'esprit de critique et de discernement qui en ont dicté tous les choix. J'ai essayé, dans la Gazette des Beaux-Arts, *en septembre. 1883, de dépeindre ce qu'était la collection Davillier, longtemps avant qu'elle n'entrât au Louvre et lorsqu'elle était encore installée dans l'hôtel de la rue Pigalle. J'ai montré par cette étude que des monuments très importants représentaient dans cette collection toutes les branches de la curiosité. La présence des objets au Louvre et le catalogue que nous publions rendent aujourd'hui cette démonstration inutile.*

Le savant qui avait réuni une aussi belle collection était avant tout un patriote. Il n'avait formé ce magnifique cabinet que par amour de l'art et de la science, et il avait toujours médité de contribuer un jour, au moyen d'un acte de libéralité testamentaire, à enrichir les collections publiques de son pays. « Le baron Davillier, » comme l'a dit très judicieusement M. Jules Cousin, « était de la race de ces grands amateurs au goût délicat, au savoir éprouvé, aux allures libérales, qui firent tant d'honneur à la France et contribuèrent si puissamment aux progrès des lettres et des arts aux xviie *et* xviiie *siècles[1]. » M. Cousin aurait pu ajouter que cette noble race ne s'est pas éteinte au* xixe *siècle, et que c'est à cette lignée, continuée de nos jours par Davillier, qu'appartenaient déjà les Lacaze, les Duchâtel, les His de*

---

[1] *Bulletin de la Société de l'Histoire de Paris,* 1883, p. 71.

Un coin de la galerie du baron Ch. Davillier, dans l'hôtel de la rue Pigalle.

la Salle, les Gatteaux, les Maurice Cottier. Mais si, parmi ses contemporains, Davillier a eu dans sa générosité des prédécesseurs éminents et d'illustres modèles, il fit preuve d'un sentiment bien spontané quand il choisit pour se dépouiller le moment le plus cruel des malheurs de la patrie. On était aux plus mauvais jours du siège de Paris. Incertain du lendemain pour lui-même, mais confiant dans l'avenir de la France, Davillier rédigea, le 10 janvier 1871, un testament ainsi conçu :

« Je soussigné, sain d'esprit et de corps, déclare léguer en toute
« propriété au Musée national du Louvre ma collection tout entière,
« sauf les deux exceptions relatées plus bas, en faveur de la Biblio-
« thèque nationale et du Musée national de Sèvres.

« La collection que je lègue au Louvre comprend tous les objets
« tels que tableaux et miniatures, meubles et objets meublants, tapis-
« series et étoffes, instruments de musique, sculptures en bronze,
« marbre, ivoire, bois et autres matières, bijoux, armes, émaux, etc.

« Je lègue à la Bibliothèque nationale tous mes livres et manuscrits.

« Je lègue enfin au Musée national de Sèvres toutes mes faïences,
« porcelaines et verreries anciennes.

« Fait à Paris, le 10 janvier 1871.

« Jean-Charles DAVILLIER. »

La date apposée au bas de cet acte double la valeur du bienfait ; elle démontre toute la délicatesse du donateur. Davillier était l'ami des jours malheureux.

Un désir aussi formel et aussi persistant de donner sans compter n'aurait pu être entravé que par un seul obstacle. Mais la difficulté fut levée immédiatement; la digne compagne du baron Davillier ne voulut user des droits inscrits dans ses conventions matrimoniales que pour assurer, dans une très large mesure, l'accomplissement du legs de son mari. Madame la baronne Davillier s'est faite elle-même, et à son préjudice, l'exécutrice des volontés du testateur. Rien n'a donc pu triompher de cette profonde, tenace et patiente générosité. La splendide collection est acquise à la France, et le nom de Davillier rappellera, au Louvre, un des plus grands enrichissements dont le département du Moyen âge et de la Renaissance ait été l'objet depuis la donation Sauvageot. La double œuvre de l'archéologue et du collectionneur vivra. Cette pensée a sans doute adouci pour celui qui n'est plus l'heure terrible de la séparation; elle contribuera aussi à consoler un peu ceux qui conservent et conserveront toujours la mémoire de l'ami et du maître.

L. C.

Les éditeurs tiennent à remercier ici M. Ludovic Letrône, qui a bien voulu prêter à ce volume le concours de son fidèle et élégant crayon. Ils adressent également leurs remerciements aux personnes qui, comme la Société des Antiquaires de France, MM. Hachette et Cⁱᵉ, M. Eudel, etc., ont contribué, par la communication de plusieurs clichés, à enrichir de gravures le présent catalogue.

SCULPTURE

TERRE CUITE

1. *La Vierge et l'Enfant Jésus.*

Groupe, petite nature.

Hauteur: 0m60. Largeur : 0m42.

Marie, la tête coiffée de boucles pendantes et couverte par un pan de son manteau, est représentée à mi-corps. Elle porte une robe assez ample, serrée à la taille par une ceinture. L'enfant Jésus, vêtu d'une robe longue, soutenu par les deux bras croisés de sa mère, entoure de ses mains le cou de celle-ci. Cette sculpture a conservé de nombreuses traces de sa peinture originelle. La robe de la Vierge était peinte en rouge. Le manteau est encore peint en bleu.

Gravé dans *Le baron Davillier et la collection léguée par lui au Musée du Louvre*, page 9.

École italienne; première moitié du xve siècle.

2. *Portrait d'homme.*

Buste de grandeur naturelle.

Hauteur : 0^m48. Largeur : 0^m44.

Le personnage, — un Vénitien du xve siècle, — le front couvert par une longue chevelure, porte un pourpoint régulièrement plissé par devant et muni d'un collet droit emprisonnant le cou. Cette pièce, achetée à Venise, soutient sans désavantage la comparaison avec le buste vénitien de terre cuite du musée de Berlin.

Gravé dans l'*Histoire du Mobilier* par J. Jacquemart, page 339, et dans la *Notice* de M. Eudel sur le baron Davillier, page 33.

École vénitienne; seconde moitié du xve siècle.

Nº 2 du Catalogue.

3. *Un Ange.*

Buste.

Hauteur : 0m24, Largeur : 0m19.

Tourné de trois quarts vers la gauche, le messager
céleste porte de longues boucles de cheveux tombant
sur les épaules ; une mèche de la chevelure se relève

3

sur le front. Il est vêtu d'une robe à large collet. Deux bandelettes se croisent sur sa poitrine.

École florentine ; fin du xvᵉ ou commencement
du xviᵉ siècle.

4. *Un Ange.*

Buste.

Hauteur : 0ᵐ24. Largeur : 0ᵐ19.

Même disposition que ci-dessus, sauf que la tête est tournée vers la droite.

École florentine ; fin du xvᵉ ou commencement
du xviᵉ siècle.

5. *David vainqueur de Goliath.*

Statuette.

Hauteur : 0ᵐ59. Largeur de la base : 0ᵐ17.

Le jeune berger, vêtu d'un costume militaire de fantaisie imité de celui des soldats romains, une écharpe nouée autour du .cou, la jambe droite appuyée à un rocher et le pied gauche posé sur la tête du Philistin, tient ou plutôt tenait de la main droite une épée, aujourd'hui brisée, tandis que la main gauche est appuyée sur la hanche.

École italienne ; fin du xvᵉ ou commencement
du xviᵉ siècle.

6. *La Vierge et l'Enfant Jésus.*

Statue de terre cuite émaillée.

Hauteur : 0ᵐ85. Largeur : 0ᵐ22.

La Vierge, debout, la tête couverte d'un pan de

son manteau et inclinée vers la gauche, soutient sur
son bras droit l'enfant Jésus, dont elle saisit la
jambe gauche dans sa main gauche. L'enfant Jésus,
à demi vêtu d'une courte tunique, porte à sa bouche
l'index de sa main gauche. Le manteau de la Vierge
est émaillé de couleur bleue ; la chemise de l'enfant
de couleur blanche. Les carnations n'ont pas reçu
d'émail.

Atelier des della Robbia ; xvie siècle.

7. *Un des neuf Preux.*

Statue de terre cuite peinte couleur de pierre.

Hauteur : 1m00. Largeur de la base : 0m33.

Le guerrier, debout, la tête couverte d'un chapeau
chargé d'une couronne fleuronnée, les mains pendantes sur les tassettes et la jambe gauche légèrement tendue en avant, porte le costume complet d'un
chevalier du xve siècle, avec un long manteau royal
sur les épaules. Cette figure retrace avec une grande
fidélité tous les détails du costume des hommes
d'armes du temps de Charles VII.

École française ou allemande du milieu du
xve siècle.

8. *La Vierge et l'Enfant Jésus.*

Bas-relief.

Hauteur : 0m82. Largeur : 0m56.

La Vierge, nimbée, debout, la tête couverte d'un
voile, est placée en avant d'un édicule composé de
colonnettes torses et d'un fronton terminé en gable
gothique. Elle se détache sur un fond semé d'étoiles

et porte l'enfant Jésus sur le bras gauche. La base
de l'édicule est décorée de deux écussons et de deux
rubans. La partie supérieure du monument est
ornée de trois petites figures en bas-relief. Dans la
partie centrale, Dieu le père vu à mi-corps et bénissant. Au-dessus des colonnettes, saint François et
une sainte tenant un livre. Au-dessus de la tête de
la Vierge, sept petites figures d'anges.

École florentine ; fin du xive siècle ou commencement du xve.

9. *La Vierge et l'Enfant Jésus.*

Fragment de bas-relief.

Hauteur : 0^m25. Largeur : 0^m15.

La Vierge, nimbée, vue
à mi-corps et vêtue d'un
ample manteau dont un pan
recouvre sa tête, soutient de
la main gauche et presse
contre son sein, de la main
droite, l'enfant Jésus. Celui-ci
est nimbé, vêtu d'une longue
robe, les mains croisées sur la
poitrine, il lève les yeux vers
sa mère. Cette terre cuite a
été achetée à Florence.

Gravé dans *Le baron Davillier
et la collection léguée par lui
au Musée du Louvre*, p. 8.

École florentine ; fin du xive siècle
ou commencement du xve.

10. *Un Concert d'anges.*

Bas-relief.

Hauteur : 0m50. Largeur : 0m33.

Sous une arcade et dans une sorte de niche dont
les pieds-droits sont formés de colonnettes torses et

dont l'arc est dessiné par une guirlande de laurier, quatre anges exécutent une symphonie. Trois d'entre eux chantent; le quatrième tient une cymbale. Ils sont vêtus de longues robes flottantes. L'un d'eux porte un manteau frangé. Ce bas-relief était autrefois peint et doré.

Cette charmante sculpture, contemporaine des œuvres de Luca della Robbia, n'est pas sans quelque analogie avec certains ouvrages du maître.

Ecole florentine; milieu du xve siècle.

11. *La Madeleine ravie au Ciel.*

Bas-relief de forme ovale contenu dans un cadre de bois doré.

Hauteur : 0^m65. Largeur : 0^m45.

La sainte, nimbée, debout et les mains jointes, s'élève vers le ciel au centre d'une *gloire* de chérubins.

Une autre épreuve de ce bas-relief se voit au musée de South Kensington. Une troisième épreuve, possédée par la duchesse Enrichetta Caëtani di Sermoneta, a été exposée à Florence en 1880 par la société Donatello, page 86 de la notice de cette exposition. M. W. Bode (*Jahrbuch der Königlich preussischen Kunstsammlungen*, année 1882, p. 102) reconnaît dans ce travail l'influence de Verrocchio.

École de Verrocchio; deuxième moitié du xve siècle.

1 2. *La Vierge et l'Enfant Jésus.*

Bas-relief de forme rectangulaire par le bas et cintrée par
le haut.

Hauteur : 0m13. Largeur : 0m09.

La Vierge, nimbée, vue à mi-corps, soutenue par
des nuages, est vêtue d'une robe légèrement décolletée, serrée à la taille par une ceinture, et d'un
manteau dont un pan couvre ses cheveux. Elle incline la tête à gauche vers l'enfant Jésus, qu'elle
maintient debout sur un coussin. L'enfant Jésus,
dont le nimbe est crucifère, n'a pour tout vêtement qu'une ceinture d'étoffe sur laquelle il porte
la main droite, tandis que, de la gauche, il tient une
pomme. Derrière le groupe on voit la cime d'un
chêne, et, au-dessus, deux chérubins à mi-corps,
munis de quatre ailes, suspendant une couronne
sur la tête de la Vierge.

Ce petit bas-relief, comme toutes les pièces similaires, a dû être autrefois peint et doré.

École florentine ; fin du xve siècle ou commencement du xvie.

13. *La Vierge et l'Enfant Jésus.*

Bas-relief de forme elliptique à la partie supérieure, et rectangulaire à la partie inférieure.

Hauteur : 0m79.
Largeur de la base : 0m30.

La Vierge, nimbée, vue à mi-corps et de face, la tête couverte d'un voile, est vêtue d'une robe et d'un manteau. Elle presse de ses deux mains l'enfant Jésus contre sa poitrine. Celui-ci, nimbé et enveloppé dans des langes, est endormi. Près des épaules de la madone, à droite et à gauche, deux chérubins. Cette œuvre d'un très beau caractère est empreinte du style de Donatello. Elle a été achetée à Mantoue en 1867.

Gravé dans *Le baron Davillier et la collection léguée par lui au Musée du Louvre*, p. 11.

École de Donatello; milieu du xve siècle.

14. *La Vierge et l'Enfant Jésus.*

Bas-relief en pierre d'Istrie.

Hauteur : 0m61. Largeur : 0m41.

La Vierge, nimbée, vue à mi-corps, la tête couverte d'un voile et tournée vers la gauche, retient de ses deux mains et présente au peuple son fils, dont les pieds reposent sur une balustrade placée en avant. L'enfant Jésus, nimbé et entièrement nu, s'appuie d'une main sur le bras de la Vierge et esquisse de l'autre le geste de la bénédiction. Ce basrelief est entouré d'un encadrement de bois de noyer décoré de pilastres et de palmettes dans le goût de la fin du xve siècle ou du commencement du xvie.

École italienne; fin du xve siècle.

15. *La Vierge et l'Enfant Jésus.*

Bas-relief d'ardoise, *pietra serena* ou *lavagna*, de forme rectangulaire par le bas et cintrée par le haut.

Hauteur : 0m48. Largeur : 0m33.

La Vierge, nimbée, de profil à droite, la tête couverte d'un voile et vêtue d'une robe et d'un manteau très ample, est assise et porte l'enfant Jésus sur un genou, tandis qu'elle le maintient en équilibre de la main gauche. De la main droite relevée, elle tient un œillet. L'enfant Jésus, nimbé et nu, porte à la main une banderole sur laquelle on lit : EGO SVM LVX. Les nimbes, la banderole, la ceinture de la Vierge et l'étoile fixée sur son manteau sont dorés. Cette sculpture n'a pas été terminée et certaines parties sont restées à l'état d'ébauche.

École italienne ; xve siècle.

16. *Cul-de-lampe.*

Hauteur : 0^m09. Largeur : 0^m11.

Décoré, par le haut, d'une moulure dont le profil appartient à la dernière période de l'école gothique et orné, par le bas, de feuilles de chicorée délicatement travaillées à jour, ce petit support est taillé dans une pierre d'un grain très fin et recouverte de peinture jaune et verte.

Travail français; xve siècle.

MARBRE

17. *Jésus bénissant.*

Statuette posée sur une base sculptée.

Hauteur totale : 0m35.
Base. Hauteur : 0m23. Largeur : 0m15.

L'enfant Jésus est re-présenté debout et entiè-rement nu. De la main gauche il porte la boule du monde surmontée d'une croix de cuivre doré. Il bénit de la main droite levée vers le ciel. (Deux doigts manquent à la main.)

La base, qui ne fait pas corps avec la statuette, et qui a été acquise séparé-ment, est décorée, au pied, de chimères et de pal-mettes, et, au sommet, de palmettes et de têtes de béliers. Les deux faces latérales sont ornées de petits génies dont le corps se termine en rinceaux. Sur la face, écusson en forme de *testa di cavallo* chargé d'armoiries trop communes, en Italie, pour qu'on puisse attribuer à l'aide de ce seul renseignement la commande du petit monument à une famille déterminée.

Assez fine, la statuette paraît se rattacher au mouvement qu'inspira le célèbre enfant Jésus du retable de l'autel du Sacramento à Florence, sculpture exécutée par Desiderio da Settignano.

> La statuette avec sa base est gravée dans *Le baron Davillier et la collection léguée par lui au Musée du Louvre*, p. 12.

> École florentine ; seconde moitié du xve siècle.

18. *La Vierge et l'Enfant Jésus.*

Bas-relief.

Hauteur : 0m9'. Largeur de la base : 0m48.

La Vierge, assise sur un large siège à dossier cintré, garni d'un double coussin, la tête couverte d'un pan de son manteau, est drapée à la manière antique et de la main gauche tient un pli de l'étoffe. Ses pieds reposent sur un *scabellum*. Elle porte sur ses genoux et entoure de son bras droit l'enfant Jésus. Celui-ci, vêtu et drapé à l'antique, tient un *volumen* de la main gauche et bénit de la main droite. Le marbre est, de place en place, percé de trous remplis de plomb destinés à fixer des pièces d'orfèvrerie. La Vierge a dû avoir soit un diadème, soit une croix sur le front, et un collier autour du cou. La figure entière était autrefois peinte et dorée.

Des traces de coloration se voient sous la manche
du bras gauche et sur le siège. Cette manche est
décorée autour du bras d'un orfroi formant bracelet
et composé de fleurettes à quatre pétales. Bien que
la sculpture ait conservé jusqu'à un certain point
l'aspect d'une œuvre byzantine archaïque, je suis
porté à la croire de l'époque romane, à cause de la
liberté et de la souplesse avec lesquelles les pieds
du Christ sont traités. D'après des renseignements,
dont on n'a pu vérifier l'exactitude, cette pièce aurait été achetée à Ravenne.

École italienne; xie ou xiie siècle.

19. *La Vierge et l'Enfant Jésus.*

Bas-relief.

Hauteur : 0m57. Largeur : 0m48.

La Vierge, nimbée, la tête couverte d'un voile,
vêtue d'une robe d'étoffe légère et d'un manteau,
est vue à mi-corps. Elle pose une main sur l'épaule
gauche de l'enfant Jésus et l'autre main sur sa
jambe droite. Le divin *bambino*, nimbé et entièrement nu, joue avec une écharpe nouée autour de
son corps et semble prêt à s'élancer en avant.

École italienne; xve siècle.

20. *Lucrèce.*

Fragment d'un bas-relief.

Hauteur : 0m29. Largeur : 0m25.

Sur un fond décoré de rinceaux, la Romaine, vue
de trois quarts, la tête tournée à gauche et chargée

d'un voile, est représentée morte, un poignard plongé dans le sein droit. On lit au bas :

[L]VCRECIA

Écolc italienne; seconde moitié du xve siècle.

21. *Portrait de jeune homme.*

Bas-relief découpé et destiné à être appliqué sur un fond de marbre de couleur.

Hauteur : 0^m315. Largeur : 0^m180.

Le personnage, vu en buste, est représenté de profil à gauche. Il porte une robe munie d'un petit collet brodé. Acheté à Milan.

Gravé dans *Le baron Charles Davillier et la collection léguée par lui au Musée du Louvre*, p. 1.

Style de la fin du xve siècle.

22. *L'Empereur Adrien.*

Bas-relief découpé et destiné à être appliqué sur un fond.

Hauteur : 0^m40. Largeur : 0^m30.

Le César, barbu et la tête laurée, est représenté en buste et le profil tourné vers la droite. Il porte une cuirasse couverte, sur les épaules et la poitrine, d'ornements composés d'une fleur, de rinceaux et de palmettes. Une écharpe est posée par-dessus la cuirasse. On lit au bas en lettres capitales : HADRIANVS AVGVSTVS. Ce beau spécimen de l'art décoratif de la Renaissance est posé sur une table de porphyre. Il a été acheté à Venise.

École du Nord de l'Italie; fin du xve siècle ou commencement du xvie.

23. *Buste de femme.

Haut-relief destiné à être inséré dans un médaillon.

Hauteur : 0ᵐ26. Largeur : 0ᵐ21.

Le personnage historique ou mythologique représenté ici est tourné de trois quarts à gauche, la
tête chargée d'une sorte de diadème et d'un voile.
La robe finement plissée qui couvre le buste laisse
à découvert le sein et le bras droits. Le marbre
porte de nombreuses traces de dorures.

Travail français ou italien; première moitié du
xvıᵉ siècle.

BOIS

24. *Samson.*

Statuette de bois de buis.

Hauteur : 0m21. Largeur : 0m06.

Le juge du peuple hébreu est représenté debout, barbu, ses longs cheveux répandus sur ses épaules, la tête couverte d'un bonnet portant en lettres gothiques le nom de Samson. Il est armé, dans sa main droite, de la mâchoire d'âne, et tient, de la gauche, un pan de son manteau.

Travail allemand ; xve siècle.

25. *Esdras.*

Statuette de bois de buis.

Hauteur : 0m21. Largeur : 0m06.

Le rédacteur des Livres saints, coiffé d'un bonnet terminé en pointe, la figure couverte d'une longue barbe, tient de la main droite un style et de la gauche porte deux livres sur l'un desquels est inscrit en lettres gothiques le nom d'Esdras. Il est vêtu d'une robe serrée à la taille par une ceinture. Cette robe est recouverte d'un long manteau et d'une pèlerine d'hermine.

Travail allemand ; xve siècle.

26. *Le Christ pleuré par deux anges.*

Bas-relief de bois de sapin peint et doré.

Hauteur : 0m84. Largeur : 0m77.

Le corps du Christ vu jusqu'à la ceinture est soutenu au bord du sépulcre par deux anges en proie
au plus violent désespoir. Ces anges sont vêtus de
draperies rouges et dorées. Ce sujet, très familier
aux artistes du nord de l'Italie, se rencontre fréquem-
ment dans les œuvres des maîtres véronais, vicen-
tins, padouans et vénitiens, influencés par Donatello
et par Mantegna.

Cf. *Quelques sculptures vicentines à propos du bas-relief
donné au Musée du Louvre par M. Ch. Timbal.* 1882, in-8, p. 8.

École lombardo-vénitienne de la fin du
xv⁰ siècle.

27. *La Présentation au Temple.*

Bas-relief de bois de noyer.

Hauteur : 0m50. Largeur : 0m63.

La Vierge, la tête couverte par un pli de son manteau, présente à Siméon l'enfant Jésus entièrement
nu et posé, assis, sur une balustrade. Le vieillard, à
la barbe longue et épaisse, reçoit dans ses bras
l'enfant divin. Marie est accompagnée d'une femme
dont on aperçoit la tête à gauche. Derrière le grand-
prêtre, un jeune acolyte. Dans le fond, deux saints
assistent à la cérémonie. Ce sont saint Sébastien
et sainte Catherine d'Alexandrie. La scène se passe
dans un monument dont la décoration offre la
plus grande analogie avec les églises du xv⁰ siècle.

Parmi les bas-reliefs qui sont sculptés sur les murs
de l'édifice, on remarque le sacrifice d'Abraham.

Le style de cette remarquable sculpture ressemble
beaucoup à celui de l'école des Bellini.

Gravé dans *Le baron Davillier et la collection léguée par
lui au Musée du Louvre*, p. 13.

École vénitienne ; fin du XVe siècle ou commencement du XVIe.

28. *Un Roi mage.

Fragment d'un bas-relief de bois de sapin.

Hauteur : 0m55. Largeur : 0m22.

Le roi est représenté avec le costume du commencement du xvie siècle. La tête tournée de trois quarts vers la droite est couverte d'un turban élevé terminé par une longue mèche. Le bas de la figure est coupé à partir des hanches.

Travail flamand ou espagnol; première moitié du xvie siècle.

29. *Écrin de joaillier.*

Hauteur : 0m14. Largeur : 0m09. Épaisseur : 0m05.

Cet écrin est formé de quatre tiroirs superposés fermant à coulisses et destinés à contenir des pierres précieuses. Le tiroir supérieur est décoré d'une figure en bas-relief représentant *la Nature* sous les traits d'une femme nue, portant une corne d'abondance et accompagnée de deux enfants.

Bois de buis; travail allemand; xvie siècle.

30. *Écrin de joaillier.*

Hauteur : 0m13. Largeur : 0m06. Épaisseur : 0m05.

Cet écrin est composé de quatre tiroirs fermant à coulisses. Le tiroir supérieur est orné d'une figure sculptée en bas-relief représentant *Vénus et l'Amour.* Cupidon a été désarmé par sa mère, qui tient l'arc d'une main.

Bois de buis; travail allemand; xvie siècle.

IVOIRE

31. *La Vierge et l'Enfant Jésus.*

Statuette.

Hauteur : 0m22. Largeur : 0m10.

La Vierge assise, couronnée et la tête couverte d'un voile, est vêtue d'une robe, très montante et très ample à la ceinture, sur laquelle drape un manteau aux plis nombreux. Elle tient de la main gauche, sur ses genoux, l'enfant Jésus auquel elle présente une pomme. L'enfant Jésus, entièrement vêtu d'une longue robe, porte un fruit de la main gauche et bénit de la droite.

Nombreuses traces de peinture et de dorure.

xIIIe siècle.

32. *La Vierge et l'Enfant Jésus.*

Statuette.

Hauteur : 0m13. Largeur : 0m05.

Marie assise, la tête couverte d'un voile, porte une robe assez ample, serrée à la taille par une ceinture. Un manteau couvrant l'épaule droite vient former draperie sur les genoux. La Vierge, une pomme dans la main droite, soutient l'enfant Jésus sur son genou gauche. Jésus, vêtu d'une longue robe, porte une pomme dans la main gauche et lève la main droite vers le cou de sa mère.

Travail français; xiiie siècle.

33. *La Vierge et l'Enfant Jésus.*

Statuette.

Hauteur : 0m21:.. Largeur : 0m08.

La Vierge assise, la tête couverte d'un voile, vêtue d'une robe serrée à la taille par une ceinture, l'épaule droite couverte d'un manteau dont les plis sont ramenés sur les genoux, porte son fils sur le genou gauche, tandis qu'elle le soutient de la main gauche. La main droite a disparu. L'enfant Jésus debout, et vêtu d'une longue robe, bénit de la main droite et tient une pomme de la main gauche. La tête manque.

Travail français; fin du xiiie siècle ou commencement du xive.

34. *La Vierge allaitant l'Enfant Jésus.*

Statuette.

Hauteur : 0m32. Largeur : 0m13.

Marie, vêtue d'une robe et d'un manteau retenu sur les épaules à l'aide d'une fibule fixée sur la poi-

trine, est assise, un phylactère dans la main droite, et soutient de la main gauche l'enfant Jésus attaché à une de ses mamelles. Celui-ci, vêtu d'une longue robe et vu de dos, presse de sa main gauche le sein de sa mère.

Gravé dans *Le baron Davillier et la collection léguée par lui au Musée du Louvre*, p. 21.

xive siècle.

35. *La Vierge et l'Enfant Jésus.*

Statuette.

Hauteur : 0m065. Largeur : 0m030.

La Vierge assise, couronnée, les cheveux épars sur les épaules et vêtue d'un manteau largement drapé, soutient de ses deux mains son fils avec lequel elle semble jouer. Jésus, entièrement nu, la tête levée vers le ciel, tend ses bras vers sa mère. L'ivoire porte des traces de peinture et de dorure.

xve siècle.

36. *La Vierge et l'Enfant Jésus.*

Statuette.

Hauteur : 0ᵐ30. Largeur : 0ᵐ14.

Marie, vêtue d'une robe finement plissée et d'un ample manteau posé sur ses épaules et drapant sur la jupe, est assise sur un fauteuil en X. Les boucles de sa chevelure sont fixées sur son front par une ferronnière. De la main droite, elle tourne les feuillets d'un livre dans lequel elle lit, et de la main gauche elle tient sur ses genoux l'enfant Jésus jouant avec un oiseau. La figure est placée sur un socle orné de moulures en forme de parallélogramme, composé de plaques d'ivoire et décoré, par devant, d'un délicat bas-relief représentant deux anges tenant un cartel. Cette pièce a été acquise à Valence (Espagne).

Gravé dans *Le baron Davillier et la collection léguée par lui au Musée du Louvre*, p. 25.

École italo-flamande ou espagnole; commencement du xvie siècle.

37. *La Charité.*

Statuette montée en manche de poignard.

Hauteur : 0m09.

La Vertu, sous les traits d'une femme debout, la chevelure emprisonnée dans une coiffe et n'ayant pour tout vêtement qu'une écharpe autour de la taille et une sorte de pèlerine sur les épaules, est entourée de douze enfants. Cinq d'entre eux sont groupés sur ses bras et sur ses épaules; les sept autres placés à ses pieds. Parmi ces derniers, trois lisent dans un livre et quatre jouent à divers jeux. Les quillons sont le produit d'une addition moderne.

Travail allemand; seconde moitié du xvie siècle.

38. *Psyché.*

Statuette.

Hauteur : 0m16. Largeur : 0m05.

Psyché debout, les cheveux nattés et la tête couverte d'une coiffe, le corps entièrement nu, tient de ses deux mains et porte devant elle le vase que Vénus lui a imposé de remplir. Le pied gauche manque.

Travail allemand; xvie siècle.

39. *Tête de femme.*

Haut-relief sans fond.

Hauteur : 0m11. Largeur : 0m07.

Coiffée d'un voile d'étoffe retombant sur le front et décoré de perles et de diamants, cette tête était destinée à être rapportée sur une statuette. Elle porte encore de nombreuses traces de peinture et de dorure.

Travail espagnol; fin du xvie siècle ou commencement du xviie.

40. *Bacchanale d'Amours.*

Bas-relief à double face.

Hauteur : 0m15. Largeur : 0m12.

D'un côté on voit un autel allumé entouré de quatre amours nus, deux à droite et deux à gauche. L'un joue de la double flûte; les trois autres se livrent à la danse et le dernier de ceux-ci porte un tambourin et un thyrse. Un petit encadrement entoure cette composition. De l'autre côté, on voit également quatre amours dans des positions à peu près identiques dansant et faisant de la musique.

Travail d'une grande finesse. Trouvé près de Cavaillon (Vaucluse).

Cf. sur cette pièce la *Gazette des Beaux-Arts*, tome XIX, p. 429, et tome XX, pp. 182-183.

1er siècle de notre ère.

41. *Tête de Mercure.*

Fragment d'une plaque d'ivoire sculptée en bas-relief.

Hauteur : 0m025. Largeur : 0m030.

Le dieu est représenté sous la figure d'un adolescent. Il est coiffé d'un pétase ailé.

Ier ou IIe siècle.

42. *Fleuron.*

Bas-relief d'applique de forme polygonale.

Hauteur : 0m08. Largeur : 0m05.

Ce fragment de la décoration d'un objet mobilier est couvert d'arabesques et de rinceaux de feuillages. Au centre, un masque grotesque par la bouche duquel passent les deux principales tiges des rinceaux.

Travail occidental exécuté sous l'influence de modèles orientaux, du XIIe au XIVe siècle.

43. *Adam et Ève dans le paradis terrestre.*

Fragment d'un bas-relief d'applique sans fond.

Hauteur : 0m07. Largeur : 0m05.

Adam et Ève sont couchés nus sur la terre. Dieu, vêtu d'une robe et d'un ample manteau dont il soutient un pan de la main droite, leur parle et les bénit. Au-dessous, une bordure d'encadrement décorée de larges feuilles.

Travail français; fin du XIIIe siècle ou commencement du XIVe.

44. *La Nativité et le Jugement dernier.*

Diptyque.

Hauteur de chaque volet : 0ᵐ125. Largeur : 0ᵐ090.

Premier volet. — Sous un arc, la Vierge couchée et assistée de saint Joseph, tient de sa main gauche l'enfant Jésus couché à côté d'elle dans un berceau, au pied duquel sont accroupis le bœuf et l'âne de la crèche. Sur une montagne, deux anges annoncent la nouvelle à trois bergers. Dans les tympans, deux anges font de la musique.

Deuxième volet. — Le Christ nimbé et montrant ses plaies, est assis entre deux anges qui tiennent les instruments de la Passion. (Le haut de la lance est restauré.) A ses pieds, deux donateurs, un homme et une femme dans l'attitude de la prière, font appel à sa miséricorde. La femme porte une couronne sur la tête. Au-dessous est représentée la Résurrection des morts. On remarque parmi ceux qui sortent de leurs tombeaux deux rois, un pape et un évêque. Dans les tympans, deux anges sonnent de la trompette.

Travail français; fin du xiiiᵉ siècle ou commencement du xivᵉ.

45. *La Nativité.*

Bas-relief provenant du volet d'un diptyque.

Hauteur : 0ᵐ08. Largeur : 0ᵐ06.

Sous une arcature gothique, la Vierge couchée et assistée de saint Joseph, tient de sa main gauche le bras gauche de l'enfant Jésus couché dans un berceau près d'elle et réchauffé par l'haleine du bœuf et par celle de l'âne. Au fond, l'annonce aux bergers. Cette composition reproduit exactement celle du numéro précédent.

Travail français; fin du xii⁣e siècle ou commencement du xive.

46. *Le Couronnement de la Vierge et la Crucifixion.*

Diptyque.

Hauteur de chaque volet : 0m12. Largeur : 0m08.

Volet de gauche. — Sous un dais formé de cinq arcades ogivales surmontées de gables à crochets, la Vierge, assise sur un siège décoré de clochetons, la tête couverte d'un voile, est couronnée par un ange, tandis que quatre autres anges exécutent autour d'elle un concert sur différents instruments de musique. Marie tient une rose de la main droite et, de la main gauche, maintient en équilibre le Christ enfant dressé sur un de ses genoux. L'enfant Jésus, vêtu d'une longue robe, bénit de la main droite, et, de la gauche, porte une boule.

Volet de droite. — Sous un dais semblable à celui qui est précédemment décrit, le Christ mort est attaché à la croix près des bras de laquelle deux anges portent la lune et le soleil. A la droite du Christ, la Vierge, qui s'évanouit, est soutenue par deux saintes femmes; à sa gauche, saint Jean, plongé dans la douleur et tenant son évangile, est accompagné de deux des témoins de la Passion.

Travail français; xive siècle.

47. *La Crucifixion.*

Volet droit d'un diptyque.

Hauteur : 0m95. Largeur : 0m60.

A travers une baie formée de trois arcades ogivales surmontées de pinacles, on voit le Christ en croix entre la Vierge et saint Jean.

Travail français; xive siècle.

48. *L'Annonciation.*

Volet gauche d'un diptyque.

Hauteur : 0m100. Largeur : 0m066.

Sous une triple arcade ogivale, surmontée de trois gables à crochets, la Vierge debout, un livre dans la main gauche, reçoit avec étonnement la nouvelle que lui apporte l'ange tenant en main un phylactère. Un lys dresse sa haute tige entre les deux personnages. Le Saint-Esprit, sous la forme d'une colombe, vole près du front de Marie. Dieu le père, sortant d'un nuage, tend vers la Vierge un enfant vêtu d'une longue robe.

xive siècle.

49. *La Présentation au Temple et le Couronnement de la Vierge.*

Volet de diptyque décoré d'un bas-relief à double face.

Hauteur : 0m085. Largeur : 0m045.

Première face. — La Vierge présente l'enfant Jésus à Siméon. Derrière elle, une jeune fille portant l'offrande.

Deuxième face. — La Vierge debout, couronnée
par un ange, tient dans ses bras l'enfant Jésus. A
droite et à gauche, un ange tenant un cierge.

Travail français; xive siècle.

5o. *L'Annonciation.*

Volet de diptyque.

Hauteur : 0^m11. Largeur : 0^m05.

Sous un édicule terminé par un gable à crochets,
la Vierge debout et dans l'attitude traditionnelle,
reçoit la nouvelle que lui apporte l'ange Gabriel,
dont l'aile gauche est déployée. A leurs pieds une
tige de lys dans un vase. Au-dessus de la tête de la
Vierge, le Saint-Esprit sous la forme d'une colombe.

Travail français, xive siècle.

51. *Tablettes à écrire composées de deux volets.*

Bas-relief rectangulaire.

Hauteur de chaque volet : 0^m95. Largeur : 0^m70.

Premier volet. — Sous un auvent décoré d'arcatures gothiques et de pinacles à crochets, cinq
hommes et trois femmes jouent à la *morra*. Un des
joueurs, placé au centre de la composition, est assis
les jambes croisées. Dans le fond, un jardin planté
d'arbres dont on aperçoit la cime.

Deuxième volet. — Dans un cadre semblable
d'architecture et de paysage, cinq hommes et trois
femmes jouent à la main chaude.

Travail français; milieu du xive siècle.

52. *Tablette à écrire.*

Bas-relief rectangulaire.

Hauteur : 0ᵐ075. Largeur : 0ᵐ050.

Sous une arcature divisée en trois sections et décorée de pinacles, un jeune homme, assis devant la porte d'une tour, tend un cœur à une jeune femme placée debout devant lui. Celle-ci, la main gauche appuyée à la ceinture, tient de la droite une flèche avec laquelle elle perce le cœur.

Travail français; fin du xɪvᵉ siècle.

53. *Conversation d'amoureux.*

Bas-relief d'applique sans fond.

Hauteur : 0ᵐ55. Largeur : 0ᵐ050.

Assis sur un banc placé sous une double arcature gothique, un homme et une femme causent et jouent en se frappant dans la main.

Travail français; fin du xɪvᵉ siècle ou commencement du xvᵉ.

54. *Saint Jérôme.*

Haut-relief.

Hauteur : 0ᵐ115. Largeur : 0ᵐ070.

Le saint, vêtu d'un costume monastique, la tête couverte d'un capuchon et portant une longue barbe, est assis près d'un lutrin. Il appuie la main gauche sur un livre, et, de la droite, semble tirer une épine de la patte du lion accroupi à ses pieds.

Travail lombardo-vénitien ou allemand de la fin du xɪvᵉ siècle ou du commencement du xvᵉ.

55. *La Trinité.*

Bas-relief.

Hauteur : 0ᵐ07. Largeur : 0ᵐ08.

Dieu le père, assis, portant la tiare à triple couronne et vêtu d'un manteau bordé d'une frange, le pied droit posé sur la boule du monde, soutient devant lui son fils attaché à la croix et couronné d'épines. Le Saint-Esprit, sous la forme d'une colombe aux ailes déployées, est posé sur l'épaule droite de Dieu le père. De chaque côté, deux anges, les ailes déployées, l'un portant une épée, l'autre une branche de lys.

Travail italien ou espagnol de la fin du xɪvᵉ siècle ou du commencement du xvᵉ.

56. *Deux Prophètes.*

Bas-relief découpé et à double face.

Hauteur : 0ᵐ07. Largeur : 0ᵐ05.

D'un, côté, un prophète barbu et coiffé de longs cheveux, vu à mi-corps, la tête levée vers le ciel, tient d'une main et montre de l'autre un long phylactère. Au revers un autre prophète dans la même attitude, mais dont les mouvements sont dirigés en sens opposé. La double figurine est entourée d'une feuille repliée sur elle-même. Traces de peinture et de dorure. Ce petit objet provient d'une crosse dont il ornait la volute.

Travail italien ; première moitié du xvᵉ siècle.

57. *Piqueur et limier.*

Bas-relief rectangulaire en os, provenant d'un coffret.

Hauteur : 0m05. Largeur : 0m40.

En avant d'une forêt, un chasseur marchant vers la gauche sonne de la trompe et tient en laisse un gros chien.

Travail italien ; première moitié du xvᵉ siècle.

58. *La Vierge et l'Enfant Jésus.*

Bas-relief d'applique en ivoire.

Hauteur : 0m105. Largeur : 0m05.

La Vierge vue à mi-corps, les cheveux épars sur les épaules, la tête couverte d'un voile, est vêtue d'une robe décorée d'orfrois au bout des manches et d'un manteau dont elle relève un pan sous son bras droit. Elle allaite son fils, qu'elle soutient du bras gauche. L'enfant Jésus, nu, est appuyé sur un coussin. Au-dessus de la composition, et formant console, une tête de chérubin, les ailes déployées. Ce bas-relief est contenu dans un cadre composé de plaques d'ivoire et de marqueterie de style italien.

A comparer avec le n° 59 du *Catalogue de la collection Timbal.*

Travail des provinces du nord de l'Italie, influencé par l'art de l'Allemagne; xvᵉ siècle.

59. *L'Annonciation.*

Bas-relief d'applique circulaire découpé et sans fond.

Diamètre : 0m08.

La Vierge debout, nimbée et la tête à demi-cou-

verte par un pan d'un vaste manteau, croise ses bras
sur sa poitrine et abaisse les regards vers l'ange aux
grandes ailes déployées agenouillé devant elle et
séparé d'elle par une tige de lys. Au-dessus, Dieu le
père apparaît dans les nuages portant la boule du
monde et bénissant. A droite un arbre planté sur
un terrain en pente. Au-dessous de la composition,
entrelacs gothiques affectant la forme des meneaux
dits *à mouchettes*.

> Dans la *Gazette des Beaux-Arts*, tome XVIII, 2ᵐᵒ période,
> p. 290, cette pièce est donnée comme appartenant à l'art
> espagnol.

xvᵉ siècle.

60. *Descente de croix.*

Volet droit de diptyque.

Hauteur : 0ᵐ80. Largeur : 0ᵐ45.

Sous un dais, orné de riches arabesques et laissant
apercevoir la croix dans le fond, la Vierge, saint
Jean et la Madeleine pleurent le Christ étendu mort
sur le premier plan.

xvıᵉ siècle.

61. *Vierge de Pitié.*

Bas-relief provenant d'un coffret.

Hauteur : 0ᵐ35. Longueur : 0ᵐ75.

Le bas-relief est divisé en trois compartiments.
Au milieu, la Vierge, assise au pied de la croix, tient
sur ses genoux le corps du Christ mort. De chaque
côté un écusson sans armoiries suspendu à un
arbre.

Travail allemand ; xvıᵉ siècle.

62. *Portrait de femme.*

Médaillon de forme elliptique sculpté en bas-relief.

Hauteur : 0m06. Largeur : 0m05.

»La personne représentée dans ce médaillon est tournée de profil vers la gauche. Sa chevelure est nattée. Elle porte des boucles d'oreilles, et un manteau, qui couvre l'épaule droite, est fixé sur l'épaule gauche par une fibule. Ce médaillon offre dans sa manière de l'analogie avec certaines médailles du Bombarda et de Ruspagiari.

Travail italien; milieu du xvie siècle.

63. *Coffret de forme cylindrique.*

Hauteur : 0m100. Diamètre : 0m115.

Ce coffret, dont le couvercle manque, est décoré d'une frise circulaire d'entrelacs, de fleurs et d'animaux parmi lesquels on reconnaît notamment des griffons, des béliers, des paons affrontés et des éperviers et des pintades disposés d'une manière différente, c'est-à-dire adossés. Les entrelacs dessinent sur la surface du cylindre quatre grands cartouches dans lesquels on remarque, au milieu de feuillages, les scènes suivantes : deux lions affrontés posent leurs pattes de devant sur un bœuf terrassé par eux; un personnage accroupi à la manière orientale tient un verre, tandis qu'une musicienne, dans la même attitude, joue de la mandoline; un chasseur, monté sur un cheval au pas, porte un faucon sur le poing; deux gazelles adossées sont attaquées par deux loups qui se précipitent de haut en bas sur elles. La monture et la serrure métallique

de ce coffret ont disparu, mais on en voit encore
les points d'attache.

Travail exécuté, d'après des modèles orientaux,
en Sicile ou en Espagne; xiie ou xiiie siècle.

64. *Cassette de forme rectangulaire.*

Longueur : 0^m15. Largeur : 0^m90. Épaisseur : 0^m03.

Sur le couvercle, au milieu d'enroulements et de
rinceaux de feuillage, on voit deux lièvres affrontés, deux aigles aux ailes déployées, deux lions
poursuivant chacun une gazelle; sur la face antérieure divisée en deux compartiments, deux groupes
de quatre lions affrontés; sur la face postérieure,
divisée en trois compartiments, deux lions affrontés
au milieu. A chacune des extrémités, un aigle, les
ailes déployées; sur chacune des faces latérales,
deux gazelles courant l'une vers l'autre.

La monture originale de cette cassette, dont on
aperçoit les points d'attache, a disparu.

Travail espagnol sur modèle ou sur type
oriental; xive siècle.

CORNE DE CERF

65. *Saint Michel.*

Bas-relief.

Hauteur : 0^m155. Largeur : 0^m030.

Sous un petit dais d'architecture et s'appuyant
sur une console, l'archange, armé comme un chevalier, foule aux pieds et perce de sa lance le démon
représenté par un dragon. Ce petit monument était
destiné à décorer l'extrémité d'une ceinture de cuir.

Travail français ; milieu du xve siècle.

66. *Hercule combattant le lion de Néméc.*

Bas-relief décorant une poire à poudre.

Hauteur : 0^m21. Largeur : 0^m15.

Au milieu d'attributs guerriers, Hercule, portant
pour tout vêtement une légère écharpe d'étoffe, ren-
verse le lion auquel il cherche à arracher la langue.
A gauche l'hydre de Lerne. Au-dessus la lettre Y sur-

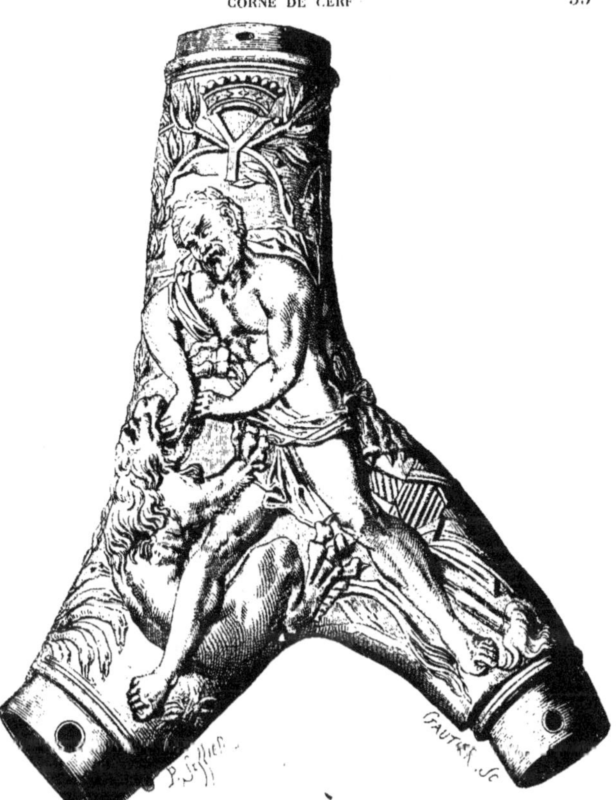

montée d'une couronne garnie de neuf perles et
accostée de deux branches de lauriers.

Gravé dans la notice de M. Eudel *Le baron Davillier*, p. 37.

Travail italien ou français; XVIᵉ siècle.

67. *Poire à poudre.*

Décorée d'une sculpture en bas-relief.

Hauteur : 0m19. Largeur : 0m14.

Vénus nue et debout, la tête tournée vers la droite, porte un collier et un bracelet de perles. Elle semble entrer au bain. Au bord de l'eau, l'Amour endormi tenant son arc de la main gauche.

Cf. *Gazette des Beaux-Arts*, tome XVIII, 2mo période, septembre 1878, p. 291.

Travail français; xvie siècle.

68. *Poire à poudre.*

Hauteur : 0m15. Largeur : 0m09.

La face de cet objet est décorée d'un bas-relief composé d'entrelacs, de rinceaux, d'un mascaron et d'un cartouche dans lequel Minerve est représentée casquée, la lance et le bouclier à la main, au milieu d'un paysage.

Travail français; xvie siècle.

NACRE DE PERLE

69. *L'Annonciation.*

Médaillon circulaire.

Diametre : 0m15.

La Vierge assise, reçoit la nouvelle que lui apporte l'ange Gabriel, tenant un long phylactère sur lequel on lit : AVE GRATIA PLENA. Fond semé d'étoiles gravées au trait. Ce petit bas-relief a dû être autrefois serti dans une monture d'orfèvrerie.

Travail flamand, allemand ou espagnol;
XVe siècle.

8

CAMÉE SUR COQUILLE

70. *La Vierge adorant l'Enfant Jésus dans la crèche.*

Bas-relief ovale.

Hauteur : 0ᵐ055. Largeur : 0ᵐ045.

Dans un monument en ruine affectant la forme d'une église gothique, la Vierge, nimbée de rayons et assistée de saint Joseph, adore à genoux l'enfant Jésus couché à terre et réchauffé par l'haleine du bœuf et de l'âne. Dans le fond un ange volant, et à gauche l'arrivée des bergers à Bethléem.

Travail allemand ou flamand; commencement du xviᵉ siècle.

CIRE

71. *Portrait d'un enfant.*

Bas-relief découpé.

Hauteur : 0m40. Largeur : 0m30.

Tourné vers la droite, vu de profil et en buste, le personnage représenté porte les cheveux courts. Il est vêtu d'un costume noir soutaché, sur lequel tranche une collerette blanche. On lit au revers, d'une main ancienne, la note suivante : *Ritratto di don Garzia figlio di Cosimo Primo di casa Medici uciso dal padre a Pisa.* Cette attribution n'est pas contredite par la confrontation du médaillon de cire avec une estampe de la collection des portraits, conservée à la Bibliothèque nationale.

Travail italien ; xvie siècle.

72. *Portrait d'homme.*

Bas-relief découpé.

Hauteur : 0m90. Largeur : 0m60.

De trois quarts à droite, le personnage représenté porte les cheveux courts et la barbe longue. Barbe

et cheveux sont noirs, mais grisonnants. Vu à mi-
corps, il est vêtu d'un riche costume noir imitant le
velours gaufré et frappé. Dentelles au col et à la
manchette.

Travail italien; milieu du xvie siècle.

73. *Léda*.

Haut-relief.

Hauteur : 0m25. Largeur : 0m20.

La femme de Tyndare, assise sur un rocher, la
tête tournée vers la gauche, caresse d'une main la
tête du cygne, et, de l'autre, soutient une draperie
flottante autour de son corps; une autre draperie
est fixée sur ses épaules et retenue sur la poitrine
par une ceinture dorée et par des rubans chargés
d'orfrois, et décorés de perles et de cailloux du
Rhin. Des perles se montrent encore autour du
cou, dans la chevelure et sur la coiffure, qui affecte
la forme d'un diadème.

Fin du xvie siècle.

PATE OU STUC

74. *Coffret en bois recouvert d'application de pâte blanche sur fond d'or.*

Hauteur : 0ᵐ10. Longueur : 0ᵐ195. Largeur : 0ᵐ095

Il affecte la forme d'un coffre rectangulaire à devant bombé. Sur le devant un empereur romain sur un trône entouré de guerriers. (Une allocution militaire?) Sur le couvercle, bordé de torsades et de feuillages, dans un médaillon, une femme entre deux guerriers vêtus à l'antique.

Italie; xvᵉ siècle.

75. *Coffret en bois recouvert d'application de pâte blanche sur fond d'or.*

Hauteur : 0ᵐ130. Longueur : 0ᵐ210. Largeur : 0ᵐ125.

De forme rectangulaire; il est surmonté d'un couvercle à quatre rampants, plat à sa partie supérieure. Sur trois des côtés du coffret se développe un triomphe romain; sur le quatrième on voit des vaisseaux. Sur les rampants du couvercle, des sphinx affrontés séparés par des fleurs ou des chimères vues de faces; sur la partie plane qui s'ouvre à coulisse et forme une seconde boîte, dans un médaillon central entouré de sphinx, Horatius Coclès se brûlant la main.

Italie; xve siècle.

76. *Coffret en bois recouvert d'application de pâte blanche sur fond d'or.*

Hauteur : 0^m110. Longueur : 0^m155. Largeur : 0^m105.

De forme rectangulaire, il est muni d'un couvercle plat surmonté d'un bouton. Sur les faces du coffret sont représentés : le supplice de Régulus, le jugement de Pâris, Suzanne accusée injustement par les deux vieillards, la mort de Pirame et de Thisbé. Sur le couvercle, des dauphins et des animaux chimériques. Le coffret repose sur quatre pieds formés de boules aplaties.

Italie; xve siècle.

BRONZE

77. *Eros dans l'attitude d'un coureur.*

Statuette.

Hauteur : 0m065. Largeur : 0m065.

Ailé, le front ceint d'une couronne de feuillage, le dieu est représenté courant de gauche à droite, les deux mains levées à la hauteur de la tête. Cette pièce a été achetée à Florence en 1864.

Travail antique; époque romaine.

78. *Un Pygmée.*

Statuette.

Hauteur : 0m07.

Le personnage grotesque est nu, bossu, barbu et chauve. Il a les mains attachées derrière le dos.

Travail antique; époque romaine.

79. *Harpocrate.*

Statuette.

Hauteur : 0m07.

Le dieu, vêtu d'une nébride, tient de la main
gauche une corne d'abondance et pose l'index de
sa main droite sur sa bouche. Un épervier est à ses
pieds. Un serpent s'enroule autour du tronc d'arbre
sur lequel son bras gauche est appuyé. Les ailes
sont brisées.

Travail antique ; époque romaine.

80. *Un Chevalier.*

Figurine équestre.

Hauteur : 0m125. Largeur : 0m120.

Le cavalier, la lance en arrêt, un long bouclier
suspendu au bras gauche et la tête coiffée du heaume
conique, porte le costume militaire du xiie siècle.
Le cheval a subi quelques mutilations. Cette pièce
a été achetée à Bologne.

Gravé dans le *Bulletin de la Société des Antiquaires de
France,* tome XLI, pp. 162-163; dans *Le baron Davillier et la
collection léguée par lui au Musée du Louvre,* pp. 14 et 15, et
dans la *Notice* de M. Paul Eudel sur le baron Davillier, p. 25.

xiie siècle.

81. *La Vierge Marie.*

Statuette de bronze doré.

Hauteur : 0m065.

La Vierge, debout et drapée, est dans l'attitude
de la *Mater dolorosa,* au pied de la croix.

Travail de l'école de Bourgogne; xve siècle.

Nº 80 du Catalogue.

9

82. *Saint Jean l'Évangéliste.*

Statuette de bronze doré.

Hauteur : 0m065.

L'Évangéliste apparaît dans la pose consacrée
par l'iconographie religieuse, lorsqu'il est représenté au pied de la croix. La tête, penchée et san-
glotante, s'appuie sur la main droite.

Travail de l'école de Bourgogne; xve siècle.

83. *La Vierge Marie.*

Statuette de bronze en partie doré.

Hauteur : 0m110.

La Vierge debout, dans l'attitude de la douleur,
appuie sa tête sur sa main gauche et soutient de la
droite les plis de son manteau.

École italienne; xiv-xve siècle.

84. *Saint Jean l'Évangéliste.*

Statuette de bronze doré.

Hauteur : 0m14. Largeur : 0m045.

L'Évangéliste est représenté dans l'attitude que la
tradition lui donne au pied de la croix, la tête penchée sur l'épaule droite. Il tient un livre de la main
gauche.

xve siècle.

85. *Génie portant deux vases.*

Statuette.

Hauteur : 0m26. Largeur : 0m14.

La tête souriante et couverte de cheveux courts,

l'enfant est à cheval sur un tonneau et soutient, de la main gauche, un vase sur son épaule gauche, tandis que, de la main droite, il serre contre sa cuisse un autre vase. Cette gracieuse figure, qui provient vraisemblablement d'une fontaine, n'est pas sans analogie, ainsi que Davillier le faisait remarquer, avec les *Putti* sculptés en marbre sur les lavabos dans les deux sacristies de Sainte-Marie des Fleurs, à Florence. La médaille de Caracalla par Boldu (1) est une pièce rapportée pour cacher l'ouverture du tonneau.

Ecole de Donatello; deuxième moitié du xvᵉ siècle.

86. *Saint Jean-Baptiste.*

Statuette.

Hauteur : 0ᵐ31. Largeur de la base : 0ᵐ13.

Le précurseur, représenté jeune, est assis sur un rocher dans l'attitude de la méditation, la tête tournée vers la droite. Nu-pieds, vêtu d'une peau d'agneau serrée à la taille par une ceinture de corde, il tient un phylactère de la main gauche.

École italienne; fin du xvᵉ siècle.

87. *David vainqueur de Goliath.*

Statuette.

Hauteur : 0ᵐ27. Largeur de la base : 0ᵐ16.

Le jeune héros, la tête couverte d'une chevelure abondante retombant sur les épaules, et vêtu d'une

(1) Armand, *Les Médailleurs italiens*, tome I, p. 37, n° 4.

courte tunique serrée à la taille par une ceinture, porte la pannetière des bergers. Debout, il foule aux pieds la tête du géant philistin. De la main droite, il s'appuie sur le sabre avec lequel il a décapité son ennemi. La main gauche, encore armée de la fronde, est posée sur la hanche. Cette statuette est fixée sur une base de bronze triangulaire, munie de trois pieds en forme de griffes de lion.

Une épreuve de la même figurine se voit à Venise, au musée Correr. On en trouve une autre épreuve avec variantes au Louvre, dans la collection Thiers. Une quatrième épreuve a fait partie de la collection Passalaqua, n° 159 du catalogue, pl. 16. L'œuvre était attribuée par le baron Ch. Davillier au sculpteur Vellano.

École de Padoue; fin du xvᵉ siècle ou commencement du xvıᵉ.

88. *Arion.*

Statuette par Andrea Briosco, dit Riccio.

Hauteur : 0ᵐ25. Largeur de la base : 0ᵐ06.

Le poète, assis sur un socle rectangulaire décoré à droite d'une harpie et à gauche d'une corne d'abondance, chante en s'accompagnant de sa lyre, qu'il tient de la main gauche, tandis que la droite est armée du *plectrum*. Le talon du pied gauche s'appuie sur la tête d'un dauphin qui porte un enfant. Le costume d'Arion imite le costume militaire de l'antiquité classique.

Gravé dans la *Gazette des Beaux-Arts*, tome XVIII, 2ᵐᵉ période, p. 591; dans *La Renaissance en France et en Italie* de M. E. Müntz, p. 300; dans la *Notice* de M. Eudel sur le baron Ch. Davillier, p. 29.

École de Padoue; commencement du xvıᵉ siècle.

Nº 88 du Catalogue.

89. *Andrea Briosco, dit Riccio.*

Petit buste de l'artiste, exécuté par lui-même.

Hauteur : 0m045. Largeur : 0m045.

Riccio, coiffé d'un bonnet en forme de calotte, porte la chevelure bouffante et frisée à laquelle il doit son surnom. Sa physionomie est conforme à la médaille qui le représente, et aux deux portraits qu'il a placés lui-même sur le célèbre chandelier de l'église Saint-Antoine de Padoue. Ce bronze vient du cabinet de Janzé. Une autre épreuve, provenant du cabinet des antiques et médailles de l'empereur d'Autriche, est conservée actuellement à Vienne dans la collection d'Ambras.

Gravé dans *Le baron Davillier et la collection léguée par lui au Musée du Louvre*, p. 16, et dans la *Notice* de M. Eudel, p. 41.

École de Padoue; commencement du xvie siècle.

90. *Vénus.*

Statuette.

Hauteur : 0m265. Largeur : 0m080.

Nue jusqu'au-dessus des hanches, la déesse est représentée dans la pose habituelle à la *Vénus Victrix*. Elle portait autrefois, dans la main droite étendue en avant, la pomme, aujourd'hui perdue, dont les points d'attache sont encore visibles. De la main gauche elle soutient la draperie qui couvre ses jambes.

École de Padoue; commencement du xvie siècle.

91. *Vénus.*

Statuette.

Hauteur : 0m290. Largeur, au plus grand développement des bras : 0m095.

La déesse, debout et entièrement nue, est dans
l'attitude de la Vénus du Capitole ou de la Vénus
de Médicis. La tête ceinte d'un diadème est tournée
vers la gauche. Deûx boucles de cheveux descen-
dent sur les épaules de chaque côté du cou.

Travail vénitien; commencement du xvie siècle.

92. *Saint Sébastien.*

Statuette.

Hauteur : 0m25.

Le saint, presque entièrement nu, est attaché à un
tronc d'arbre, dans la posture traditionnelle. Il lève
les yeux vers le ciel et penche la tête sur son épaule
droite. Cette pièce a été achetée à Bologne.

École de Padoue; commencement du xvie siècle.

93. *Jeune Faune riant.*

Petit buste.

Hauteur : 0m20. Largeur : 0m19.

Tournée de trois quarts vers la gauche, la tête
est caractérisée par les attributs ordinaires : cornes
naissantes et oreilles animales. Le torse est à demi-
couvert d'une nébride attachée sur l'épaule droite
par une fibule et sur l'épaule gauche par un ruban.
Piédouche décoré d'une large feuille.

École florentine; xvie siècle.

94. *Buste de femme*.

Hauteur : 0ᵐ10. Largeur : 0ᵐ10.

La femme représentée porte le costume antique.
La robe est attachée par des agrafes sur les deux
épaules. Cette pièce a été achetée à Venise en 1864.

École padouane ou vénitienne ; xvie siècle.

95. *Empereur romain*.

Buste.

Hauteur : 0ᵐ87. Largeur aux épaules : 0ᵐ66.

Le personnage, la tête nue, les cheveux ras et la barbe courte, est vêtu d'une tunique sur laquelle est drapé avec art un ample manteau fixé vers l'épaule droite par une fibule. Une autre épreuve du même modèle se trouve dans la collection du comte Guillaume Pourtalès, à Berlin. Elle a été exposée dans cette ville en 1883. (*Katalog der Ausstellung von Gemælden ælterer Meister im berliner Privatbesitz*, n° 20.) M. le docteur W. Bode, dans le compte rendu de cette exposition (*Iahrbuch der Koeniglich-preussischen Kunstsammlungen*, 4ᵉ volume, p. 140), incline à attribuer cette sculpture à Alessandro Vittoria. Cependant ne pourrait-on pas la considérer comme un peu plus ancienne?

Gravé dans *Le baron Davillier et la collection léguée par lui au Musée du Louvre*, p. 19.

École vénitienne; première moitié du xviᵉ siècle.

96. *Persée.*

Statuette de bronze doré.

Hauteur : 0ᵐ225. Largeur de la base : 0ᵐ070.

Le héros est représenté debout, la tête coiffée du pétase ailé et les pieds chaussés de talonnières semblables à celles de Mercure. De la main droite, il porte la tête de Méduse. Une épée est suspendue au côté gauche par un baudrier. La composition d'ensemble de la figurine, ainsi que le tronc de palmier auquel elle s'appuie, est empruntée à la célèbre statue antique de l'Antinoüs.

Gravé dans la *Gazette des Beaux-Arts*, tome XIX, p. 326; dans le *Benvenuto Cellini* de M. Eug. Plon, p. 59, p. 338;

dans la *Notice* de M. Eudel, et dans *Le baron Davillier et la collection léguée par lui au Musée du Louvre*, p. 14.

École florentine : xvie siècle.

97. *Hercule portant le ciel.*

Statuette.

Hauteur : 0m26; avec la terrasse : 0m31. Diamètre de la base : 0m19.

Hercule nu, la tête et les épaules couvertes de la dépouille du lion de Némée, soutient le ciel de ses deux bras élevés, dans l'attitude d'Atlas.

xviie siècle.

98. *Un Pigeon.*

Fonte d'après un modèle de cire exécuté à la suite d'un moulage sur nature et retouché à l'ébauchoir.

Hauteur : 0m28. Largeur : 0m18. Épaisseur : 0m11.

L'oiseau, les ailes à demi déployées et les pattes serrées contre le corps, est représenté au vol. On attribue indistinctement à Pietro Tacca tous les animaux reproduits en bronze. Mais quelques-unes de ces fontes doivent être sensiblement antérieures aux travaux de l'élève de Jean de Bologne. Cette pièce a été achetée à Florence en 1867.

xve ou xvie siècle.

99. *Triomphe de la Mort.*

Bas-relief.

Hauteur : 0m25. Largeur : 0m25.

Au milieu d'un paysage dans lequel on remarque une ville, avec ses murailles et ses tours, assise sur une montagne, la Mort, sous la forme d'un squelette drapé et portant une faux, s'avance, traînée sur un char attelé de deux buffles. Le char, décoré d'emblèmes funéraires composés de têtes de mort et d'une ronde de squelettes, passe avec son attelage sur les corps de nombreux personnages étendus sur le sol. On aperçoit dans cette foule, des hommes, des femmes, des enfants, un pape et un roi.

Ce bas-relief provient d'une suite des *Triomphes* de Pétrarque, dont le musée du Louvre possède déjà une pièce, *Le Triomphe de l'Amour*, donné par M. His de la Salle. Ces suites de *Triomphes* étaient éditées à plusieurs exemplaires et furent exécutées à la fois en ivoire et en bronze. Les éditions d'ivoire étaient destinées à décorer les panneaux de coffrets d'ébène ou de marqueterie. La collection des ivoires du Louvre renferme un exemplaire du *Triomphe de la Renommée* [1]. Le *Triomphe de la Mort*, en ivoire, figure sur un coffre ou reliquaire conservé dans la cathédrale de Gratz, en Styrie, et publié par M. Johann Graus [2]. Un autre exemplaire du même *Triomphe*, également en ivoire, appartient à M. Malcolm, de Londres, et a été exposé en 1879, au Burlington-Club. Le sujet a été gravé à la fin du XVᵉ siècle ou au commencement du XVIᵉ dans une estampe attribuée à Nicoletto de Modène [3].

100. *L'Adoration des Rois.*

Bas-relief par Andrea Briosco, dit Riccio.

Largeur : 0ᵐ35. Hauteur : 0ᵐ31.

Près de la crèche, la Vierge, assistée par les anges et accompagnée de saint Joseph, tient sur ses genoux l'enfant Jésus, à qui les Mages apportent des présents. De nombreux personnages assistent à la

[1] Il a été publié dans la *Gazette archéologique* par M. E. Molinier, 8ᵉ année, septembre 1883, pp. 226 et suiv.

[2] *Die zwei Reliquienschreine in Dome zu Graz*, 1882, in-8, p. 15.

[3] Bartsch, XIII, nᵒ 41. Passavant, tome V, p. 71, nᵒ 76.

scène, et, dans un paysage montagneux, on voit se
dérouler l'escorte des rois s'avançant vers Bethléem. Cette pièce a été achetée à Vérone en 1864.

Une autre épreuve de l'*Adoration des Rois* se voit à Berlin
dans la collection du comte Guillaume Pourtalès. J'ai proposé
dans le *Bulletin de la Société des Antiquaires de France* de
1884, p. 223, d'identifier ce bas-relief avec « l'*Adorazione dei
Magi*, bronzo di basso rilievo di Andrea Riccio » signalé par
l'*Anonyme de Morelli* dans la collection de Marco Mantova
Benavides, célèbre amateur de Padoue, au xvie siècle.

Gravé dans *Le baron Davillier et la collection léguée par
lui au Musée du Louvre*, p. 17, et dans le *Bulletin des Antiquaires de France*, 1884, p. 222.

École de Padoue; commencement du xvie siècle.

101. *Encrier.*

Hauteur : 0m21. Largeur : 0m13.

Un faune barbu, la tête surmontée de deux longues
cornes de bélier, les oreilles tombantes et l'épaule
gauche couverte d'une draperie, est assis et tend en
avant ses pieds de bouc. Il appuie sur sa cuisse
droite et tient de ses deux mains le vase destiné à
contenir l'encre.

Fonte padouane; commencement du xvie siècle.

102. *Encrier.*

Hauteur : 0m045. Longueur : 0m140. Épaisseur : 0m065.

Cet objet a reçu la forme générale d'un coffret.
D'un côté on voit un triomphateur traîné dans un
char par quatre chevaux, et précédé de licteurs
chargés des dépouilles des vaincus. De l'autre, un
groupe de cavaliers en costume antique portant
des palmes. Aux deux extrémités, deux mascarons

soutiennent deux petits écussons dont les armoiries
sont invisibles. La pièce est portée par quatre pieds
en forme de harpies. Acheté à Venise.

Gravé dans la *Gazette des Beaux-Arts*, tome XXVIII,
2ᵐᵉ période, p. 185, et dans *Le baron Davillier et la collection
léguée par lui au Musée du Louvre*, p. 1.

Fonte vénitienne; xvɪᵉ siècle.

1o3. *Encrier*.

Bronze doré.

Hauteur : 0ᵐ08. Largeur : 0ᵐ16.

Cet encrier affecte la forme d'un pied humain
chaussé d'une sandale. Deux petits tiroirs sont pra-
tiqués dans l'épaisse semelle dont les contours sont
décorés de rinceaux de feuillages. L'un des tiroirs
fermé, comme une boîte, par une feuille de métal
percée de nombreux trous, était destiné à contenir
du sable ou de la poussière.

Travail italien du xvɪᵉ siècle.

104. *Encrier.*

Hauteur : 0m09. Largeur : 0m11.

Porté sur des griffes de lion, cet encrier de forme triangulaire est décoré d'une frise de rinceaux et de trois palmettes. Le couvercle manque.

Fonte vénitienne ou padouane du xvie siècle.

105. *Encrier.*

Hauteur : 0m18.

Un faune agenouillé, tient de la main gauche une coquille destinée à servir d'encrier et de la main droite un flambeau.

École padouane ou vénitienne; xvie siècle.

106. *Encrier.*

Hauteur : 0m08. Largeur, avec les pieds : 0m14.

Trois sphinx aux ailes déployées soutiennent de leurs épaules le vase qui sert de récipient pour l'encre et sur la panse duquel leurs ailes s'étalent.

Travail vénitien; xvie siècle.

107. *Petit vase ou encrier.*

Hauteur : 0m05. Largeur : 0m05.

La panse du vase est, au point de vue de la décoration, divisée en trois zones. La première est ornée de feuilles d'acanthe; la seconde de cartouches et de bouquets ou de pommes de pins; la troisième de masques humains alternant avec des mufles de lions reliés entre eux par des festons de perles enfilées.

Fonte italienne du xvie siècle.

108. *Encrier et porte-flambeau.*

Hauteur : 0ᵐ25.

Un faune aux longues oreilles pendantes, couronné de pampres, est assis sur un tronc d'arbre. Il porte de la main gauche un flambeau et tient de la droite un vase destiné à servir d'encrier.

Fonte vénitienne; xvıᵉ siècle.

109. *Coffret servant d'encrier.*

Hauteur : 0ᵐ10. Longueur : 0ᵐ22. Largeur : 0ᵐ11.

Supporté par quatre pieds décorés de bustes de femmes, ce coffret est orné sur toutes ses faces d'une frise de palmettes. Sur le couvercle, deux cornes d'abondance et six feuilles d'acanthe s'enlèvent en relief. L'enfant armé d'un long bouclier, qui sert de bouton au couvercle de ce coffret, a été rapporté et provient de la décoration d'une pelle à feu ou d'une pincette comme on en fabriquait à Venise aux xvᵉ et xvıᵉ siècles.

Travail vénitien; xvıᵉ siècle.

110. *Coffret.*

Longueur : 0ᵐ20. Largeur : 0ᵐ115. Épaisseur : 0ᵐ05.

On voit sur le couvercle, dans un encadrement de palmettes, une tête de Méduse entourée d'une couronne de laurier et accostée de deux génies tenant de longues banderoles. A chaque extrémité, deux bustes de personnages imités de l'antique. Les pieds sont formés de griffes de lion surmontées d'atlantes grotesques. Le couvercle est un type bien

connu. Le 　 ée du Louvre, le musée archéologique de Brera, à Milan, M. A. Armand et M. G.
Dreyfus à Paris possèdent d'autres variantes de ce
coffret.

Travail du nord de l'Italie ; fin du xve siècle ou
commencement du xvie.

111. *Chenet ou fragment de la décoration d'un meuble.*

Groupe.

Hauteur : 0^m21. Largeur : 0^m15.

Un hippocampe barbu, la tête tournée vers la
droite et tenant de la main gauche une flûte de Pan,
porte sur sa croupe une néréide entièrement nue.

Fonte padouane ou vénitienne; commencement
du xvie siècle.

112. *Chenet ou fragment de la décoration d'un meuble.*

Groupe.

Hauteur : 0^m21. Largeur : 0^m15.

Même sujet en sens inverse.

Fonte padouane ou vénitienne; commencement
du xvie siècle.

113. *Lampe.*

Hauteur : 0^m10. Largeur : 0^m08.

Tête de nègre, la bouche ouverte et la langue tirée
en avant. Il existe dans diverses collections d'autres
épreuves de cet ustensile.

Fonte padouane ou vénitienne; xvie siècle.

114. *Flambeau.*

Hauteur : 0ᵐ17.

Ce flambeau, qui affecte la forme générale d'un balustre posé sur une large terrasse circulaire, est décoré de mascarons, de feuilles d'acanthe, de pampres et d'imbrications.

Travail padouan ou vénitien de la fin du xvᵉ siècle ou du commencement du xviᵉ.

115. *Flambeau.*

Hauteur : 0ᵐ20. Largeur du plus grand développement des bras : 0ᵐ15.

Un faune barbu, les cornes au front, les oreilles velues, est assis entièrement nu, les jambes croisées et tendues en avant. De la main droite, il porte une coquille, et, de la gauche, il soutient un pot à feu affectant la forme d'une corne d'abondance.

La statuette est posée sur une terrasse de bronze doré de style postérieur.

Style du xviᵉ siècle; exécution probable du xviiiᵉ.

116. *Flambeau ou bougeoir.*

Hauteur : 0ᵐ095.

La tige, très basse, n'est presque formée que de la bobèche, dont le renflement est décoré de trois masques reliés entre eux par des rubans dessinant des festons. Pied triangulaire composé de trois mascarons grotesques.

Travail vénitien; xviᵉ siècle.

117. *Flambeau ou bougeoir.*

Hauteur : 0m095.

Même disposition que ci-dessus.

Travail vénitien; xvie siècle.

118. *Fragment de chandelier.*

Hauteur : 0m048.

Ce fragment est sans doute le nœud de la tige d'un chandelier; il est orné d'imbrications et d'un rang de feuilles finement ciselées.

Italie; fin du xve siècle.

119. *Fragment de chandelier.*

Bronze fondu ciselé et doré.

Hauteur : 0m050.

Ce fragment est sans doute le nœud de la tige d'un chandelier; il est orné d'une torsade et de deux rangs de feuilles découpées.

Italie; fin du xve siècle.

120. *Mortier.*

Hauteur : 0m135. Largeur : 0m190.

Ce mortier est muni de deux anses recouvertes d'une décoration en forme de corde. La panse est ornée de deux têtes d'Hercule, surmontées chacune d'un écusson, dont les armoiries ont été martelées, et de quatre mascarons de feuillages. On lit sur le bord supérieur : OPVS IVLIANI MARIOCTI FLORENTINI MCCCCC VII.

Giuliano Mariotti, qui s'appelait *de Navi* (ainsi que le prouve une pièce actuellement exposée au Palais de l'Industrie, par l'Union centrale), est un fondeur florentin bien connu de la fin du xvᵉ siècle et du commencement du xviᵉ.

Travail italien; commencement du xviᵉ siècle.

121. *Mortier*.

Hauteur : 0ᵐ215. Largeur : 0ᵐ240.

Ce vase est décoré, à la partie supérieure, de deux frises de rinceaux sculptées en bas-relief. La panse est ornée de cornes d'abondance disposées en manière de festons et suspendues par des rubans à des anneaux. Le reste de la décoration se compose de deux bucranes, de deux culots garnis de fruits et de fleurs, de deux griffons et de deux cerfs.

Gravé dans la *Notice* de M. Eudel sur le baron Davillier, p. 9.

Travail padouan ou vénitien du xviᵉ siècle.

122. *Couronne de Vierge*.

Bronze doré.

Longueur : 0ᵐ26.

Elle se compose de cinq plaques articulées; chaque plaque se compose d'un bandeau orné de feuillages surmonté d'une fleur de lys de Florence, la plaque centrale est surmontée d'une Vierge debout portant l'enfant Jésus sur son bras droit, accompagnée de deux petits génies, nus, debout, appuyés d'une main sur un bouclier, de l'autre sur une épée. Les goupilles qui rattachent les plaques sont terminées par des têtes de chérubins.

Italie; xve siècle.

123. *Frise circulaire.*

Bronze fondu, ciselé et doré.

Diamètre : 0m08. Hauteur : 0m04.

Ce fragment, provenant de la décoration d'un meuble, est orné d'une frise composée de rinceaux et de feuillages alternant avec des mascarons formés de trois têtes juxtaposées. Acheté à Florence.

Italie; xvie siècle.

ARGENT

124. *Saint Jean l'Évangéliste.*

Figurine en argent doré.

Hauteur : 0m056.

Le saint est représenté debout, un livre dans la main gauche ; de la droite il relève un pan de son manteau, dont il s'essuie les yeux. Cette figure a dû faire partie d'une crucifixion.

Italie ; xve siècle.

125. *Un Saint martyr.*

Figurine en argent doré.

Hauteur : 0m06.

Le saint est représenté debout, tonsuré, vêtu d'une aube. De la main gauche il tient un livre, de la droite une palme.

Italie ; xve siècle.

PLAQUETTES

126. *Saint Jérôme en prière.*

Hauteur : 0ᵐ055. Largeur : 0ᵐ082.

A droite, saint Jérôme nimbé, demi-nu, à genoux
devant le Christ, se frappe la poitrine avec une
pierre; dans le ciel plane le Saint-Esprit. A gauche,
saint Jérôme sortant de sa cellule arrache l'épine de
la patte du lion; au second plan, sur une colline, un
pape à cheval accompagné d'un nombreux cortège.
Au fond, la ville de Rome, désignée par les mots :
ROMA S(enatus) P(opulus) Q(ue) R(omanus). Au
bas enfin, la signature, sur une seule ligne :
IHOANNIS ∗ FRANCISI PARME(n)SIS OPVS.

Gianfrancesco Enzola; xvᵉ siècle.

127. *Auguste et l'Abondance.*

Hauteur : 0ᵐ067. Largeur : 0ᵐ067.

Revers de la médaille d'Auguste. Auguste, tenant
en main un caducée, donne la main à l'Abondance,
qui tient une corne de la main gauche; entre eux,

un trépied antique. Cette plaquette, qui a sans doute formé l'extrémité d'un encrier, est entourée d'une moulure.

Voyez Armand, *Médailleurs italiens*, I, 31, n° 2.

Cristoforo di Geremia; xve siècle.

128. *Un Sacrifice romain.*

Hauteur : 0m075. Largeur : 0m000.

Au centre, deux personnages nus, agenouillés à terre, se préparent à immoler un porc, tandis qu'un prêtre allume sur l'autel le feu du sacrifice. A droite et à gauche, divers personnages, hommes et femmes en costume antique; deux d'entre eux jouent de la trompette. Fond d'architecture.

École de Padoue; fin du xve siècle.

129. *La Mise au tombeau.*

Hauteur : 0m094. Largeur : 0m000.

Le Christ, vu à mi-corps, la tête renversée en arrière, est soutenu à droite par saint Jean, à gauche par la Vierge et un petit ange. Bordure ornée de palmettes.

École de Padoue; fin du xve siècle.

130. *Saint Sébastien.*

Bronze doré.

Hauteur : 0m077. Largeur : 0m055.

Au centre, saint Sébastien debout, nimbé, une draperie autour des reins, attaché à une colonne;

il est percé de trois flèches. A gauche, on voit un édifice sur lequel sont représentés en bas-relief un cavalier galopant, une statue de femme demi-nue appuyée sur un bouclier, et un cavalier monté sur un cheval au pas; à droite, une autre partie du même édifice, en ruines, sur lequel on voit, en bas-relief, un guerrier debout et un aigle sur la boule du monde.

Attribué à Daniele Arcioni; fin du xvᵉ siècle.

131. *La Mise au tombeau.*

Hauteur : 0ᵐ083. Largeur : 0ᵐ065.

Au centre le Christ mort, assis dans le tombeau, soutenu à droite et à gauche par saint Jean et la Vierge. Fond de rochers.

Ecole milanaise: xvᵉ siècle.

132. *La Vierge et l'Enfant Jésus.*

Hauteur : 0ᵐ125. Largeur : 0ᵐ085.

La Vierge vue à mi-corps, de profil à droite, nimbée, vêtue d'une robe à manches collantes et d'un manteau, la tête ceinte d'un diadème et enveloppée d'un voile, soutient de ses deux mains l'enfant Jésus, nu et nimbé. A droite et à gauche, sur une corniche ornée d'un cartel et d'une draperie, deux candélabres à base triangulaire, terminés par de petits génies supportant des pots à feu. Une palmette flanquée de deux volutes retournées surmonte la plaquette.

Ecole de Padoue; fin du xvᵉ siècle.

12

133. *La Vierge et l'Enfant Jésus.*

Hauteur : 0m075. Largeur : 0m060.

Répétition de la plaquette précédente, mais sans fond ; plaque d'applique.

École de Padoue ; fin du xvᵉ siècle.

134. *La Vierge et l'Enfant Jésus.*

Bronze doré.

Hauteur : 0m100. Largeur : 0m077.

La Vierge, vue à mi-corps et de profil à gauche, presse contre son sein l'enfant Jésus ; sur le fond, des guirlandes. L'encadrement découpé est orné, aux angles, de mascarons vus de profil et adossés ; en haut et en bas, de deux compartiments où sont représentés des trophées ; sur les côtés, de deux petits médaillons contenant des bustes de face, soutenus par des génies.

Italie du nord ; xvᵉ siècle.

135. *La Descente de croix.*

Hauteur : 0m117. Largeur : 0m077.

Le Christ mort est étendu sur les genoux de la Vierge, près de laquelle la Madeleine se tient debout ; à gauche, saint Jean soutient la tête du Sauveur. Encadrement d'architecture composé de deux colonnettes soutenant un entablement orné de palmettes surmonté d'un fronton accosté de deux rinceaux et terminé par une coquille ; au tympan, une tête de chérubin. Sur la base un écusson surmonté d'un chapeau d'évêque. Cette plaquette a servi de

baiser de paix, ainsi que l'indiquent les points
d'attache de la poignée, encore visibles au revers.

Italie du nord; fin du xvᵉ siècle.

136. *La Mise au tombeau.*

Hauteur : 0ᵐ065. Largeur : 0ᵐ050.

D'après la gravure de Mantegna. A droite, saint
Jean debout et joignant les mains. A gauche, les
saintes femmes, saint Joseph d'Arimathie et un
autre personnage se préparent à déposer le Christ
dans le tombeau. Au fond, le Calvaire surmonté des
trois croix.

Italie du nord; fin du xvᵉ siècle.

137. *Vulcain forgeant les ailes de l'Amour.*

Hauteur : 0ᵐ069. Largeur : 0ᵐ051.

A droite Vulcain, demi-nu, assis sur un rocher,
frappe sur une enclume; à gauche, on voit l'Amour
assis à terre et tenant un carquois dont il vient de
tirer une flèche.

Italie du nord; fin du xvᵉ siècle.

138. *Sceau de Nicolas Perrotti, évêque de Siponto (1458-1480).*

Hauteur : 0ᵐ090. Largeur : 0ᵐ057.

Sceau elliptique. Sous un fronton triangulaire
surmonté d'une coupole et soutenu par deux pilastres, la Vierge, debout, tenant l'enfant Jésus sur

son bras droit; à gauche, saint Georges, nimbé et
vêtu à l'antique, perce d'une lance le dragon étendu
à ses pieds; à droite, saint Laurent en costume de
diacre, nimbé, tenant d'une main un livre, de l'autre
le gril, instrument de son martyr. Au-dessous les
armoiries de Nicolas Perrotti, de... au lion grimpant
sur une échelle, de... sommées d'une croix. Légende : S. NICOLAI . PEROTTI . PRESVLIS .
SIPONTINI.

Italie; xvᵉ siècle.

139. *Portraits d'homme et de femme.*

Hauteur : 0ᵐ052. Largeur : 0ᵐ065.

Femme en buste, de profil à droite, cheveux frisés
tombant le long des joues et ramassés en chignon
derrière la tête, robe serrée, au cou un collier.
Homme de profil à gauche, cheveux longs, coiffé
d'un bonnet, pourpoint à petit col droit.

Italie; xvᵉ siècle.

140. *La Vierge et l'Enfant Jésus.*

Hauteur : 0ᵐ092. Largeur : 0ᵐ076.

Dans une niche dont le cul-de-four est en forme
de coquille, la Vierge vue à mi-corps, nimbée, de
profil à gauche, soutient de ses deux bras l'enfant
Jésus, nu et nimbé, qui passe le bras gauche autour
du cou de sa mère.

Italie; xvᵉ siècle.

141. *La Vierge, l'Enfant Jésus et deux anges.*

Hauteur : 0m079. Largeur : 0m055.

Dans une niche terminée en cul-de-four, la Vierge assise sur un trône, vêtue d'une robe et d'un manteau à plis nombreux, tient sur son genou gauche l'enfant Jésus; de la main droite elle caresse un ange debout près d'elle; à droite, un autre ange se tient debout; sur le socle du trône, on lit : AVE REGINA CELORVM.

Italie; xv⁰ siècle.

142. *Saint Georges combattant le dragon.*

Hauteur : 0m055. Largeur : 0m050.

Saint Georges, à cheval, vêtu à l'antique, tourné vers la droite, perce le dragon de sa lance; à gauche, on voit la fille du roi de Lydie et un arbre desséché. Au-dessous, une tête de chérubin. Plaque de pommeau d'épée.

Italie; xv⁰ siècle.

143. *Saint Jérôme.*

Hauteur . 0m120. Largeur : 0m080.

Saint Jérôme, agenouillé devant un crucifix, se frappe la poitrine avec une pierre. Tout autour de lui différents animaux, parmi lesquels on distingue le lion, attribut du saint. Fond de paysage. Bordure composée d'un tore de lauriers; au haut, l'inscription : S. HIERONYMVS.

Italie du nord; xv⁰ siècle.

144. *Diane.*

Hauteur : 0m050. Largeur : 0m034.

En buste de profil à gauche, coiffée d'un diadème, les cheveux ondés et noués derrière la tête;
sur l'épaule, elle porte un carquois.

Travail italien; fin du xve siècle ou commencement du xvie.

145. *Apollon et Daphné.*

Diamètre : 0m068.

Apollon, vêtu à l'antique, poursuit Daphné, qui,
vêtue d'une longue robe flottante, s'enfuit vers la
droite; ses bras sont déjà transformés en branches
de laurier. Fond d'architecture.

Italie; xve siècle.

146. *Bacchanale.*

Hauteur : 0m045. Largeur : 0m120.

Au centre, un enfant monté sur une chèvre que
tète un satyre accroupi à terre; à droite, un autre
satyre jouant de la lyre et un enfant jouant de la
flûte de Pan. Plaque de coffret.

Italie; xve siècle.

147. *Figure allégorique.*
Bronze doré.

Diamètre : 0m037.

Femme vue en buste et de face, légèrement tournée vers la gauche; elle a les cheveux longs et des
ailes; de la main gauche elle se perce le sein d'une
flèche.

Italie; xve siècle.

148. *Sujet allégorique.*

Hauteur : 0m060. Largeur : 0m075.

A droite, un personnage vêtu à l'antique, auquel un autre personnage présente un plat; au second plan, une femme et deux hommes. A gauche, un homme assis devant lequel se tiennent debout un homme et une femme. Plaque de pommeau d'épée.

Italie; xvᵉ siècle.

149. *Buste d'applique.*

Bronze doré.

Hauteur : 0m037. Largeur : 0m025.

Tête de femme vue en buste, de profil à gauche. Ses cheveux sont entourés d'une bandelette plusieurs fois croisée, qui lui passe sous le menton.

Italie; fin du xvᵉ siècle.

150. *Amour endormi.*

Diamètre : 0m068.

Il est représenté assis à terre et endormi, le bras droit appuyé sur un cippe auquel sont suspendus son arc et son carquois.

Italie; xvᵉ siècle.

151. *Chasse au sanglier.*

Diamètre : 0m090.

Un homme nu, à cheval, galope vers la droite, et tient un sabre recourbé; sous le cheval, un sanglier, dirigé dans le même sens.

Italie; xvᵉ siècle.

152. *Frise d'ornement.*

Hauteur : 0ᵐ045. Largeur : 0ᵐ075.

À la partie supérieure, on voit deux griffons affrontés soutenant un écusson, plus bas un cartouche
accompagné de rinceaux, plus bas enfin une tête
de chérubin.

Italie ; fin du xvᵉ siècle.

153. *Pommeau d'épée.*

Diamètre : 0ᵐ060.

Il est de forme carrée et orné sur ses bords de volutes assemblées deux à deux. D'un côté, un buste
de César, de profil à droite, avec la légende : DIVI
IVLI ; de l'autre, Apollon debout et demi-nu, tenant
une lyre de la main gauche, ordonne à un esclave
d'écorcher Marsyas, attaché à un arbre.

Cette plaquette, souvent répétée, et dont le Musée
possède déjà un exemplaire, est une imitation d'une
pierre gravée antique.

Italie ; xvᵉ siècle.

154. *Colonnade vue en perspective.*

Hauteur : 0ᵐ100. Largeur : 0ᵐ065.

Une arcade vue en perspective, supportée par
deux rangs de colonnes.

Des plaquettes offrant des vues d'architecture,
analogues se trouvent au *Museo Nazionale,* à Florence.

Italie ; xvᵉ siècle.

155. *L'Ange Gabriel*.

Diamètre : 0ᵐ050.

Il est représenté à mi-corps et de profil à droite ;
de la main droite il bénit, de la gauche il tient une
tige de lys. Plaque en forme de quadrilobe. Surmoulé ancien d'une plaque émaillée du xvᵉ siècle.

Travail italien ; xvᵉ siècle.

156. *Fragment de frise circulaire*.

Bronze.

Hauteur : 0ᵐ023. Largeur : 0ᵐ036.

Deux petits génies, nus et ailés, sont accroupis de
chaque côté d'un rinceau et jouent de la flûte.

Italie ; xvᵉ siècle.

157. *Saint Jean l'Évangéliste*.

Hauteur : 0ᵐ085. Largeur : 0ᵐ063.

Le saint est représenté à mi-corps, la tête légèrement tournée vers la gauche. Il est vêtu d'une
tunique et d'un manteau noué sur l'épaule droite.
Cette figure est placée dans un encadrement quadrilobé en cuivre fondu, ciselé et repercé, orné
de rinceaux et de têtes de chérubins. Figure d'applique.

Travail italien ; fin du xvᵉ siècle.

158. *La Vierge et l'Enfant Jésus*.

Bronze doré.

Hauteur : 0ᵐ120. Largeur : 0ᵐ029.

La Vierge est représentée debout, vêtue d'une

robe et d'un manteau dont un pan lui couvre la tête. Dans ses bras, elle porte l'enfant Jésus. Cette plaque se termine à la partie inférieure par un cul-de-lampe. Groupe d'applique.

Travail de l'Italie du nord; xvᵉ siècle.

159. *La Vierge et l'Enfant Jésus.*

Bronze doré.

Hauteur : 0ᵐ120. Largeur : 0ᵐ070.

Groupe d'applique. La Vierge est représentée à mi-corps, assise, de trois quarts à droite; elle est vêtue d'une robe serrée à la taille et d'un manteau; ses cheveux, retenus par une bandelette, sont couverts d'un voile. De ses deux mains, elle soutient l'enfant Jésus, nu, qui met un doigt dans sa bouche. Cette plaque se termine à la partie inférieure en forme de croissant.

Travail vénitien; fin du xvᵉ siècle.

160. *Ariane dans l'île de Naxos.*

Diamètre : 0ᵐ052.

Au centre, Ariane assise et demi-nue, tenant un flambeau renversé; à droite et à gauche trois bacchants et deux satyres portant divers attributs, parmi lesquels on distingue une tête de taureau et, une hure de sanglier.

Giovanni di Lorenzo di Pietro delle Opere, dit Giovanni delle Corniole; Florence (1470-1516).

161. *Bacchus endormi et un bacchant.*

Diamètre : 0m082.

A gauche Bacchus nu, assis et endormi, accompagné d'un lion; au centre, un bacchant nu et portant
la dépouille d'un taureau et une tête d'ours, marche
vers lui; à droite, une statue sur un piédestal, au bas
la signature : IO. F.

Giovanni di Lorenzo di Pietro delle Opere, dit
Giovanni delle Corniole; Florence (1470-1516).

162. *Le Jugement de Pâris.*

Bronze doré.

Diamètre : 0m055.

A gauche, Pâris assis sous un arbre offre la pomme
à Vénus demi-nue, qui s'avance pour la recevoir;
derrière elle, Junon et Minerve armée d'un bouclier
et d'une lance; l'Amour voltige au-dessus de Vénus.

Giovanni di Lorenzo di Pietro delle Opere, dit
Giovanni delle Corniole;
Florence (1470-1516).

163. *Satyres et bacchante.*

Bronze doré.

Diamètre : 0m057.

A gauche, une
femme endormie, de-
mi-nue, accompagnée
de deux petits enfants:
à droite, deux satyres.

dont l'un enlève à la femme la draperie qui la couvre; au second plan, un arbre. A gauche, sur un pilier, le mot VIRTVS.

> Giovanni di Lorenzo di Pietro delle Opere, dit
> Giovanni delle Corniole; Florence (1470-1516).

164. *L'Abondance et un satyre.*

Diamètre : 0m060.

Au premier plan, l'Abondance nue, étendue à
terre et tenant de la main gauche une corne remplie
de fruits. Au second plan, un satyre debout
sonnant de la trompe. Fond d'architecture.

> Giovanni di Lorenzo di Pietro delle Opere, dit
> Giovanni delle Corniole; Florence (1470-1516).

165. *Mucius Scævola.*

Hauteur : 0m067. Largeur : 0m056.

A droite, Mucius Scævola, debout, se brûle le
poing au-dessus d'un autel allumé; près de lui se
tiennent deux personnages; au second plan, un édifice supporté par des colonnes. A gauche, un guerrier debout portant une enseigne et trois cavaliers
dont l'un tient également une enseigne. Plaque
de pommeau d'épée.

> Giovanni di Lorenzo di Pietro delle Opere, dit
> Giovanni delle Corniole; Florence (1470-1516).

166. *Auguste et la sibylle.*

Bronze doré.

Diamètre : 0m057.

Vers la droite, Auguste à genoux, auquel la sibylle montre dans le ciel la Vierge, tenant l'enfant Jésus. Fond d'architecture décoré de médaillons et de trophées.

Ecole du nord de l'Italie; commencement du xvie siècle.

167. *Orphée et Eurydice.*

Diamètre : 0m105.

A gauche, Orphée debout, vêtu d'un manteau, tenant un violon de la main droite, saisit de la gauche Eurydice, tombée à terre sur les genoux; un démon sort des enfers et ressaisit Eurydice.

Cette pièce fait partie d'une suite retraçant en plusieurs tableaux l'histoire d'Orphée. Le Musée possède déjà la plaquette représentant la descente d'Orphée aux enfers.

Moderno; xvie siècle.

168. *Hercule combattant le lion de Némée.*

Hauteur : 0m077. Largeur : 0m057.

Hercule debout, nu, de profil, à gauche, étouffe le lion en serrant la tête de l'animal contre sa poitrine. A droite, un arbre desséché, un arc, un carquois et une massue.

Moderno; xvie siècle.

169. *Hercule combattant le lion de Némée.*

Hauteur : 0m057. Largeur : 0m065.

Le héros est représenté nu, debout et de profil à

droite; de ses deux bras, il presse la tête du lion contre sa poitrine. Derrière lui, à un arbre, sont pendus un carquois et un arc; à terre, on voit une massue.

Moderno; xvie siècle.

170. *Hercule étouffant Antée.*

Hauteur : 0^m073. Largeur : 0^m052.

Le héros est représenté debout et de face, vêtu de la peau du lion de Némée; il serre contre sa poitrine Antée, qui a lâché prise et étend les bras. Cadre et fond d'architecture en ruine.

Moderno; xvie siècle.

171. *Hercule et Cacus.*

Diamètre : 0^m117.

Au premier plan, Hercule, vêtu de la peau du lion de Némée, tenant sa massue dans la main droite, endormi à terre; au second plan, Cacus fait rentrer les génisses d'Hercule à reculons dans son antre en les tirant par la queue. Bordure de palmettes.

Moderno; xvie siècle.

172. *L'Adoration des Mages.*

Bronze doré.

Hauteur : 0^m106. Largeur : 0^m060.

A droite, la Vierge assise, accompagnée de saint Joseph et d'un petit enfant, présente l'enfant Jésus

à l'adoration des rois, dont l'un est agenouillé ; au
second plan, l'étable et l'étoile qui a guidé les rois ;
fond de montagne, dans lequel on aperçoit la suite
des mages.

Au revers de cette plaquette, qui a dû être montée
en baiser de paix, a été gravée postérieurement
l'inscription suivante : IHESVS GLORIA IN EX-
CELSIS DEO ET IN TERRA PAX HOMINIBVS
BONÆ VOLVNTATIS — FRANCISCVS ET PO-
LIXENA IVSTINIANI M.D.LX.

Attribué à Moderno ; xvie siècle.

173. *L'Adoration des rois mages ; la Présentation au Temple.*

Hauteur : 0ᵐ070. Largeur : 0ᵐ050.

A droite, la Vierge assise, accompagnée de saint
Joseph, présente l'enfant Jésus à l'adoration des
mages, qui lui offrent des présents ; à gauche, on
voit les serviteurs des rois et plusieurs chameaux ;
au fond un portique sur lequel on lit l'inscription :
ΑΣΤΕΡΙ ΕΠΟΜΕΝΟΙ .... ΟΜΕΝ.

Au revers, en avant d'un monument de style antique, figurant le Temple, la Vierge présente l'enfant Jésus à Siméon. Sur l'architecture on lit l'inscription : NVNC DIMITTIS SERVVM TVVM
DOMINE.

Ces deux plaquettes sont des surmoulés en relief
de cristaux de roche gravés en creux.

Valerio Belli de Vicence ; xvie siècle.

174. *L'Adoration des Mages.*

Hauteur : 0ᵐ100. Largeur : 0ᵐ070.

Plaquette cintrée par le haut. A gauche, la Vierge assise tient sur ses genoux l'enfant Jésus, qui reçoit les présents des rois mages ; l'un d'entre eux est agenouillé ; les deux autres se tiennent debout, à droite ; au second plan, à gauche, saint Joseph ; au fond, l'étable de Bethléem ; dans le ciel, l'étoile qui a guidé les rois mages.

Attribué à Valerio Belli de Vicence ; xviᵉ siècle.

175. *La Vierge et l'Enfant Jésus.*

Hauteur : 0ᵐ120. Largeur : 0ᵐ070.

La Vierge est représentée à mi-corps, de profil à droite, couronnée et nimbée, tenant dans ses bras l'enfant Jésus également nimbé. Ce groupe, supporté par un croissant, est placé au centre d'un édicule composé de deux pilastres cannelés, portant un fronton semi-circulaire terminé par une palmette ; au tympan, un ange vu à mi-corps et de face.

Travail flamand ; fin du xvᵉ siècle.

176. *La Mise au tombeau.*

Hauteur : 0ᵐ118. Largeur : 0ᵐ102.

Le Christ, vu à mi-corps et dressé dans le tombeau, est soutenu à gauche et à droite par la Vierge et saint Jean ; derrière le Christ, la croix, la lance et le roseau terminé par l'éponge.

Italie du nord ; fin du xvᵉ siècle.

177. *La Renommée.*

Diamètre : 0m052.

A droite, la Renommée assise et soufflant de la trompette; à gauche, un génie portant sur la tête une corbeille de fleurs, verse l'eau contenue dans un vase qu'il tient de la main droite sur les rejetons d'un palmier qui occupe le milieu de la composition.

Travail italien; xvie siècle.

178. *Sujet allégorique.*

Diamètre : 0m062.

Un génie complètement nu, foule aux pieds un satyre étendu à terre; de la main droite il arrose un arbre qu'il courbe de la gauche; à droite, une tête de zéphyr.

Italie; xvie siècle.

179. *Vulcain forgeant les flèches de l'Amour.*

Plomb.

Hauteur : 0m060. Largeur : 0m076.

A gauche, Vulcain, assis près de sa forge, frappe sur son enclume; à droite, Vénus, assise sur un siège à dossier, s'appuie sur l'épaule de l'Amour debout près d'elle. Fond de paysage.

Italie; xvie siècle.

180. *Jésus enfant.*

Diamètre : 0m042.

Il est représenté debout, nimbé, vêtu d'une robe

14

flottante ; de la main droite il bénit; de la gauche il
tient le globe du monde ; à ses pieds, le sol est jonché
de fleurs.

Travail flamand ; xve siècle.

181. *Le Christ entre la Vierge et saint Jean.*

Bronze doré.

Hauteur : 0^m100, Largeur : 0^m075.

Le Christ, nimbé, vu à mi-corps et sortant du
tombeau, est soutenu à gauche par la Vierge, à
droite par saint Joseph. Plus haut, trois petits anges
pleurant soutiennent le suaire du Christ. Au bas, au-
dessous d'une ornementation composée d'arcatures
de style gothique, on lit : ECƆE . ANGNVS . DEY.

Voir, à la division ORFÈVRERIE, un exemplaire de
la même plaquette montée en baiser de paix.

Travail bourguignon ou flamand ; xve siècle.

182. *La Nativité.*

Bronze argenté.

Hauteur : 0^m065. Largeur : 0^m052.

Plaquette cintrée par le haut. A gauche, la Vierge
agenouillée adore l'enfant Jésus étendu à terre ; à
droite, on voit saint Joseph, dans la même attitude, le
bœuf et l'âne, plus haut un concert d'anges ; au second plan, à gauche, deux bergers, au fond l'étable.
Sur la bordure on lit en lettres capitales en relief :
+ NATIVITAS DOMINI DIEV.VOVLSIT. NAIS-
TRE . EN . POVVRETÉ . POVR . NOVS. DEMOS-
TRER . HVMILITÉ.

Travail bourguignon ; commencement du
xvie siècle.

183. *Jésus-Christ.*

Bronze, plaque sans fond.

Hauteur : 0m081. Largeur : 0m037.

Le Christ est représenté de face, assis sur un siège à dossier bas, nimbé, bénissant à la grecque de la main droite, la gauche appuyée sur le livre de vie. Sous ses pieds un escabeau.

Surmoulé ancien d'un ivoire byzantin.

184. *La Vierge et l'Enfant Jésus.*

Hauteur : 0m090. Largeur : 0m081.

La Vierge vue à mi-corps, de trois quarts à droite, soutient de son bras gauche l'enfant Jésus, nimbé, vêtu d'une tunique, bénissant de la main droite à la grecque, tenant de la gauche un volumen. Au-dessus de la tête de la Vierge l'inscription : MP ΘΥ (μήτηρ θεοῦ). Bordure ornée d'un rang de feuilles et de deux cordonnets.

Surmoulé ancien d'un ivoire byzantin.

185. *L'Entrée du Christ à Jérusalem.*

Diamètre : 0m100.

A gauche, le Christ, monté sur un âne, suivi de deux apôtres, bénit de la main droite et se prépare à franchir la porte de la ville; deux personnages lui souhaitent la bienvenue, et l'un d'eux étend son manteau à terre sous les pieds de l'âne; au second plan, Zachée monté sur un arbre.

Cette plaque est un surmoulé ancien d'un ivoire du xve siècle, sculpté en Allemagne ou dans le nord de l'Italie.

Surmoulé ancien d'un ivoire du xve siècle.

MÉDAILLES, MÉDAILLONS, MONNAIES

ET MATRICES DE SCEAUX

186. *Lionel d'Este, seigneur de Ferrare.*

Bronze.

Diamètre : 0m070.

Droit : Buste à gauche, tête nue : LEONELLVS .
MARCHIO . ESTENSIS. — DO FERRARIE . RE-
GII . ET . MVTINE. — GE . R . AR. — Revers :
Un génie ailé développant devant un lion une banderole sur laquelle on lit des notes de musique; à
gauche, un aigle perché sur une branche morte; au
centre, un pilier sur lequel est représentée une voile
gonflée par le vent : M . CCCC . XLIIII. — OPVS .
PISANI . PICTORIS.

Armand, I, 3, n° 8 [1].

Vittore Pisano; 1444.

---

[1] Nous renvoyons à l'excellent ouvrage de M. Armand, intitulé: *Les médailleurs
italiens des* xv* *et* xvi* *siècles*; nous lui avons souvent emprunté une partie de ses
descriptions et nous avons suivi son classement.

187. *Cécile de Gonzague.*

Bronze.

Diamètre : 0m084.

Droit : Buste à gauche, cheveux noués en chignon derrière la tête, robe montante à larges manches : CICILIA . VIRGO . FILIA . IOHANNIS . FRAN-CISCI . PRIMI . MARCHIONIS . MANTVE. — Revers : Une jeune fille à moitié nue, assise près d'une licorne couchée à terre ; dans le ciel, le croissant de la lune. Sur un pilier surmonté d'une palmette : OPVS PISANI . PICTORIS . MCCCCXLVII.

Cette médaille a été ciselée.

Armand, I, 5, n° 12.

Vittore Pisano ; 1447.

188. *Louis III de Gonzague, marquis de Mantoue.*

Plomb.

Diamètre : 0m106.

Buste à gauche, tête nue, cheveux courts, vêtu d'une cuirasse : LVDOVICVS DE GONZAGA — MARCHIO MANTVE CAPITANEVS . ARMIGE-RORVM.

Sans revers.

Armand, I, 5, n° 13.

Vittore Pisano ; xv° siècle.

189. *Malatesta Novello.*

Bronze.

Diamètre : 0m840.

Droit : Buste à gauche ; tête nue, cheveux longs, vêtu d'un pourpoint : MALATESTA NOVELLVS.

CESENAE . DOMINVS — DVX . EQVITVM . PRA-
ESTANS. — Revers : Malatesta Novello armé de
toutes pièces devant le Christ en croix, dont il baise
les pieds ; à gauche, son cheval vu en raccourci,
attaché à un arbre : OPVS . PISANI . PICTORIS.
Armand, I, 6, n° 16.

Vittore Pisano; xve siècle.

190. *Alfonse V, roi de Sicile et d'Aragon.*

Bronze.

Diamètre : 0^m108.

Droit : Buste à droite, tête nue, cheveux longs,
pourpoint et manteau ; au-dessous, une couronne
ouverte : DIVVS . ALPHONSVS . ARAGONIAE .
VTRIVSQVE . SICILIAE . VALENCIAE . HIE .
HVN . MAIO . SAR . COR . REX . CO . BA . DV .
AT . ET . NEO . AC . CO . RO . ET . C — Revers :
Un génie ailé dans un char à quatre roues traîné
par quatre chevaux : FORTITVDO . MEA . ET .
LAVS . MEA . DOMINVS . ET . FACTVS . EST .
MICHI . IN . SALVTEM. — OPVS . PISANI .
PICTORIS.
Armand, I, 7, n° 19.

Vittore Pisano; xve siècle.

191. *Sigismond Pandolfe Malatesta.*

Bronze.

Diamètre : 0^m080.

Droit : Buste à gauche, tête nue, cheveux longs :
SIGISMONDVS . PANDVLFVS . MALATESTA .

PAN . F. — Revers : Le château des Malatesta :
CASTELLVM . SISMVNDVM . ARIMINENSE .
MCCCCXLVI.
Armand, I, 19, n° 12.

Matteo de' Pasti ; 1446.

192. *Sigismond Pandolfe Malatesta.*

Bronze.

Diamètre : 0m040.

Droit : Buste à gauche, réduction du précédent :
SIGISMONDVS . P . D . MALATESTIS . S . R .
ECL . C . GENERALIS. — Revers : Écusson chargé
des initiales d'Isotta et de Sigismond, surmonté d'un
casque à cimier en forme de tête d'éléphant.
MCCCCXLVI.
Armand, I, 20, n° 15.

Matteo de' Pasti ; 1446.

193. *Isotta Atti de Rimini, femme de Sigismond Pandolfe Malatesta.*

Bronze.

Diamètre : 0m078.

Droit : Buste à droite, coiffure élevée ornée de
deux bandelettes croisées, cheveux frisés : D . ISOT-
TAE . ARIMINENSI. — Revers : Un éléphant marchant vers la droite. MCCCCXLVI.
Armand, I, 21, n° 19.

Matteo de' Pasti ; 1446.

194. *Isotta Atti de Rimini, femme de Sigis-mond Pandolfe Malatesta.*

Bronze.

Diamètre : 0ᵐ040.

Droit : Buste à droite, réduction du précédent : D . ISOTTAE . ARIMINENSI. — Revers : Un livre : ELEGIAE.

Armand, I, 22, n° 23.

Matteo de' Pasti; xvᵉ siècle.

195. *Pasquale Malipieri, doge de Venise, et Giovanna Dandolo, sa femme.*

Plomb.

Diamètre : 0ᵐ001.

Droit : Buste à gauche, coiffé du bonnet des doges et vêtu de la robe et du manteau ducaux : PASQVALIS . MARIPETRVS . VENETVM . D . DVX . — Revers : Buste à gauche, coiffé d'une toque d'où pend un voile, vêtu d'une robe et d'un manteau : INCLITE . IOHANNE . ALME . VRBIS . VENEZIAR . DVCISE.

Armand, I, 35, n° 4.

Attribué à Guidizani; xvᵉ siècle.

196. *Giovanni Boldu.*

Plomb.

Diamètre : 0ᵐ084.

Droit : Buste à gauche, coiffé d'un bonnet, cheveux longs, pourpoint à col droit :

+ IⲰΛΗc ꝛ꙳꙳꙳Ⴟ ΜΠⲰΛⲦ Ν꙳꙳Ꙇ꙳Ꙇ ⲂⲞⲢⲂ ΖⲰΓΡΑΦⲐ ꙆꙆⲆ . ϦⲂⲎ ꙇ .

Revers : Un jeune homme assis, ayant à ses pieds une tête de mort ailée; une vieille femme lui donne des coups de fouet; un génie ailé et vêtu d'une longue robe lui offre une coupe; dans le haut, à gauche, une étoile : OPVS . IOANNIS . BOLDV . PICTORIS . VENETI. — MCCCCLVIII.

Armand, I, 36, n° 2.

Giovanni Boldu; 1458.

197. *Alexandre Sforza.*

Plomb.

Diamètre : 0m077.

Buste à gauche, tête nue, cheveux longs, vêtu d'une cuirasse : ALEXANDRO . SFORTIAE . DIVI . SFORTIAE . FILIO . IMPERATORI . INVICTISS . — Sans revers.

Armand, I, 45, n° 11.

Gianfrancesco Enzola; 1465.

198. *Niccolo Marcello, doge de Venise (Revers de la médaille de).*

Bronze.

Diamètre : 0m102.

Au centre, le monogramme de Jésus entouré de rayons, comme sur les médailles de saint Bernardin de Sienne; légende en capitales gothiques : IN . NOMINE . IHV . OMNE . GENV . FLECTATVR . CELESTIV . TERESTRIV . INFERNO.

Armand, I, 57, n° 3.

Médailleur vénitien G. T. F.; fin du xvᵉ siècle.

199. *Borso d'Este, duc de Ferrare.*

Bronze.

Hauteur : 0m090. Largeur : 0m058.

Plaquette : Buste à gauche, cheveux longs, coiffé
d'un bonnet : BOR DVX.

Petrecini; après 1471.

200. *Hercule Ier d'Este, duc de Ferrare.*

Bronze.

Hauteur : 0m080. Largeur : 0m052.

Plaquette : Buste à gauche, cheveux longs, tête
nue : HER . DVX . FERE . 1472.

Baldassare Estense; 1472.

201. *Laurent et Julien de Médicis.*

Bronze.

Diamètre : 0m064.

Droit : Tête à droite de Laurent, cheveux longs;
au-dessus du chœur de la cathédrale de Florence;
à l'extérieur de la clôture, Laurent attaqué par les
conjurés : LAVRENTIVS MEDICES . — SALVS
PVBLICA. — Revers : Tête à gauche de Julien,
cheveux longs; chœur de la cathédrale de Florence;
meurtre de Julien : IVLIANVS MEDICES. — LVC-
TVS PVBLICVS.

Armand, I, 59, n° 1.

Antonio del Pollaiuolo; 1478.

202. *Giovanni II Bentivoglio.*

Plomb.

Diamètre : 0m06.

Droit : Buste à droite, cheveux longs, coiffé d'un bonnet, vêtu d'une cuirasse : IO . BENT . II . HANIB . FILIVS . EQVES . AC . COMES . PA-TRIAE . PRINCEPS . AC . LIBERTATIS . COLV-MEN. — Revers : Giovanni à cheval, tourné vers la gauche; derrière lui, on aperçoit un chevalier armé de toutes pièces, la lance en main : OPVS . SPE-RANDEI.

Armand, 1, 65, n° 6.

Sperandio; xve siècle.

203. *Giovanni II Bentivoglio.*

Bronze.

Diamètre : 0m028.

Droit : Buste à droite, cheveux longs, coiffé d'un bonnet : IOANNES . BENTIVOLVS II . BONO-NIENSIS. — Revers : Dans le champ : MAXIMILIA-NI . IMPERATORIS . MVNVS . MCCCCLXXXXIIII.

Armand, 1, 104, n° 1.

Francesco Raibolini, dit il Francia; 1494.

204. *Jean-Jacques Trivulce,. maréchal de France.*

Bronze.

Hauteur : 0m046. Largeur : 0m045.

Droit : Buste à gauche, tête nue, laurée, cheveux longs, cuirassé : IO . IACOBVS . TRIVVLS . MAR .

VIG . FRA . MARESCALVS. — Revers : 1499 ||
EXPVGNATA . ALE || XANDRIA . DELETO ||.
EXERCITV . LVDOVI || CVM . SF . MLI . DVC ||
EXPELLIT . REVER || SVM . APVD . NOVA ||
RIAM . STERNIT || . CAPIT.
Armand, I, 110, n° 11.

Caradosso Foppa; 1499.

205. *Valerio Belli, dit Valerio Vicentino.*

Bronze.

Diamètre : 0^m046.

Buste à gauche, cheveux courts et frisés, barbe
pointue : VALERIVS BELLI NOBILIS VICEN-
TINVS. — Sans revers.

Valerio Belli; commencement du xvie siècle.

206. *Cosme Ier de Médicis.*

Bronze.

Diamètre : 0^m034.

Droit : Buste à droite, tête nue, barbu, cuirassé :
COSMVS . MED . II . REI . P . FLOR . DVX. —
Revers : Un capricorne surmonté de huit étoiles :
ANIMI . CONSCIENTIA . ET . FIDVCIA . FATI.
Armand, I, 144, n° 2.

Domenico di Polo; 1537.

207. *Hippolyte de Gonzague, femme d'An-*
toine Caraffa.

Plomb.

Diamètre : 0ᵐ067.

Droit : Buste à gauche, tête nue, cheveux nattés,
collier à deux rangs avec médaillon : HIPPOLYTA :
GONZAGA . FERDINANDI . FIL . AN . XVI .
ΛΕΩΝ . ΑΡΗΤΙΝΟΣ. — Sans revers.

Armand, I, 163, n° 7.

Leone Leoni; xvıᵉ siècle.

208. *Gianello della Torre.*

Bronze.

Diamètre : 0ᵐ040.

Droit : Buste à droite, barbe longue, cheveux
courts, tête nue : IANELLVS . TVRRIAN . CRE-
MON . HOROLOG . ARCHITECT. — Revers :
Allégorie connue sous le nom de la Fontaine des
Sciences : VIRTVS NVNQ. DEFICIT.

Armand, I, 170, n° 38.

Attribué à Leone Leoni; xvıᵉ siècle.

209. *Fernand François II d'Avalos, mar-*
quis de Pescaire.

Bronze.

Diamètre : 0ᵐ060.

Buste à gauche, cheveux et barbe courts, cuirasse
et manteau; au cou, le collier de l'ordre de la Toison

d'or : ALF . DAVL . MAR . GV . CAR . G . CAR .
V . IMP. — Sans revers.
Armand, I, 174, n° 1.

Cesare da Bagno; xvie siècle.

210. *François II de Médicis.*

Bronze.

Diamètre : 0m067.

Droit : Buste à droite, imberbe, tête nue, cuirassé :
FRANCISCVS . MEDICES . F . PRINCEP. —
Sous le bras : 1560 . P . — Sans revers.
Armand, I, 202, n° 82.

Pastorino; xvie siècle.

211. *Federigo Zucchero.*

Bronze.

Diamètre : 0m049.

Droit : Buste à droite, cheveux courts et frisés,
barbe pointue, fraise et pourpoint : FEDERICVS
ZVCCARVS . 1578. — Revers : Coupe de la cou-
pole de la cathédrale de Florence, dont Federigo
Zucchero acheva les peintures : TENP . FRAN .
MED . MAG . DVX . ETRVRIÆ . PINSIT.
Armand, I, 210, n° 135.

Pastorino; 1578.

212. *Octave Farnèse, duc de Parme et de Plaisance.*

Bronze doré.

Diamètre : 0m030.

Droit : Buste à gauche, tête nue, barbu, cuirassé :

OCTAVIVS . F . PARM . ET . PLAC . DVX . II .
I . F . P. — Revers : Apollon et Marsyas : CVM .
DIIS . NON . CONTENDENDVM.

Armand, I, 223, n° 11.

Gianfederigo Bonzagna de Parme ; xvie siècle.

213. *Isabelle, femme de Ferdinand de Gon-zague.*

Bronze.

Diamètre : 0m070.

Buste à droite ; cheveux ceints d'un diadème et
entourés d'un voile, robe à col rabattu et ouverte
sur la poitrine, collier de perles : ISABELLA
CAPVA PRINC MALFICT FERDIN GONZ
VXOR. — Sans revers.

Armand, I, 242, n° 7.

Jacopo da Trezzo ; xvie siècle.

214. *Alfonse II, duc de Ferrare, et Lucrèce de Médicis.*

Bronze doré.

Diamètre : 0m047.

Droit : Buste à droite d'Alfonse II, cheveux
courts, barbu, cuirasse et manteau : ALPHON .
ESTEN . FERRAR . PRINCEPS. — Revers : Buste
à droite de Lucrèce de Médicis, robe décolletée et
chemisette, cheveux nattés et entremêlés de perles :
LVCRETIA . MED . ESTEN . FERR . PRINCEPS.

Armand, I, 260, n° 36.

Domenico Poggini ; xvie siècle.

215. *Giovanni·Lodovico Toscano.*

Bronze.

Diamètre : 0ᵐ071.

Droit : Buste à gauche, cheveux longs coiffés d'un bonnet; robe à col droit serré autour du cou : IOHANNES ALOISIVS TVSCANVS ADVOCA-TVS. — Revers : Une couronne de lauriers et dans le champ : PREVENIT AETATEM INGENIVM PRECOX.

Armand, II, 28, nᵒ11.

Anonyme milanais; xvᵉ siècle.

216. *Le pape Paul II.*

Bronze.

Diamètre : 0ᵐ032.

Droit : Buste à droite du pape, tête nue, vêtu de la chape : PAVLVS . VENETVS . PAPA . II. — Revers: Le palais de Venise, à Rome : HAS . ÆDES. CONDIDIT . ANNO . CHRISTI . MCCCCLXV.

Armand, II, 32, nᵒ 4.

Anonyme italien; 1465.

217. *Isabelle d'Aragon, femme de Giangaleazzo Maria Sforza.*

Bronze doré.

Diamètre : 0ᵐ046.

Droit : Buste à droite, tête couverte d'une guimpe, robe légèrement ouverte sur la poitrine : ISABELLA . ARAGONIA . DVX . MLI. — Revers : Femme nue assise, tournée vers la droite, une palme dans la main droite, une baguette autour de laquelle s'enroule un serpent, dans la main gauche; devant elle, un palmier: CASTITATI . VIRTVTIQ . INVICTAE .

Armand, II, 54, n° 1.

Anonyme italien; fin du xve siècle.

218. *Andrea Caraffa, comte de Sanseverino.*

Bronze.

Diamètre : 0^m037.

Droit: Buste à droite, imberbe, casqué et cuirassé : AND . CARAFA . S . SEVERINE . COMES. — Revers : Une femme assise, tenant de la main droite une tête de Janus, de l'autre un serpent : NIL . ABEST.

Armand, II, 108, n° 13.

Anonyme italien; avant 1526.

219. *Élisabeth de Gonzague, femme de Guidubaldo de Montefeltro, duc d'Urbin.*

Plomb.

Diamètre : 0^m081.

Droit : Buste à droite, cheveux en bandeaux et emprisonnés dans une coiffe formant une queue; robe à demi décolletée, collier de perles : ELIZA-BET . GONZAGA . FELTRIA . DVCIS . VRBINI. — Revers : Une femme à moitié nue, couchée, regarde la Fortune qui s'échappe sous forme d'une chevelure; d'une main elle tient un mors de cheval: HOC FVGIENTI FORTVNAE DICATIS.

Armand, II, 118, n° 54.

Anonyme italien; commencement du xvie siècle.

220. *Paola de Gonzague, femme de Léonard, comte de Goritz.*

Bronze.

Diamètre : 0m060.

Droit : Buste à gauche, la tête couverte d'un voile. PAVLA . GONZAGA COMIT. — Revers : Deux femmes travaillant sur un métier à tisser.

Armand, II, 132, n° 4.

Anonyme italien; commencement du xvie siècle.

221. *Thomas Bohier.*

Bronze.

Diamètre : 0m065.

Droit : Buste à droite, cheveux longs, coiffé d'un bonnet à revers : THOMAS . BOHIER . GENERAL . DE . NORMANDIE . MCCCCCIII. — Revers : Les armes de Bohier : S'IL . VIENT . A PÓINT.

Armand, II, 142, n° 17.

Anonyme italien; 1503.

222. *Anne Compaing, femme de Pierre Briçonnet.*

Bronze.

Diamètre : 0m033.

Buste à gauche, la tête couverte d'une coiffe : SANS VARIER. — Sans revers.

Armand, II, 143, n° 19.

Anonyme italien; commencement du xvie siècle.

223. *Pietro Bacci, dit l'Arétin.*

Bronze.

Diamètre : 0m050.

Droit : Buste à gauche, tête nue, barbu, vêtu d'une robe, une chaîne au cou : DIVVS . PETRVS . ARETINVS. — Revers : La Vérité, nue, assise, couronnée par un génie ailé; devant elle, la Haine sous la forme d'un satyre qu'elle vient d'enfanter; dans le ciel, Jupiter armé de la foudre : VERITAS . ODIVM . PARIT.

Armand, II, 153, n° 11.

Anonyme italien; xvie siècle.

224. *Maria d'Aragon, femme d'Alfonse II d'Avalos.*

Bronze.

Diamètre : 0m045.

Buste à droite, cheveux relevés sur les tempes, tressés et emprisonnés dans une résille; robe montante; derrière la tête, une couronne ouverte : MARIA ARAGONIA . D . — Sans revers.

Armand, II, 163, n° 2.

Anonyme italien; xvie siècle.

225. *Pietro Plantanida.*

Bronze.

Diamètre : 0m049.

Droit : Buste à droite, tête nue, cuirassé : CAP . PET . PLANTANIDA . AET . AN . XXXVI. — Revers : Femme drapée debout, tournée vers la

gauche, tenant une coupe : DVM . SPIRITVS .
HOS . REGET . ARTVS.
Armand, II, 179, n° 9.

Anonyme italien ; xvie siècle.

226. *Cosme Ier de Médicis.*

Bronze.

Diamètre : 0ᵐ042.

Droit : Buste à droite, tête nue, barbu, cuirassé :
COS . MED . MAGNVS . DVX . ETRVRIÆ. — Re-
vers : Un taureau cornupète tourné vers la droite :
IMMINVTVS . CREVIT.
Armand, II, 192, n° 10.

Florence ; xvie siècle.

227. *Marguerite de France, femme d'Em-
manuel Philibert de Savoie.*

Bronze.

Diamètre : 0ᵐ052.

Buste à gauche, cheveux tressés et placés dans
une résille, robe brodée à collet montant, fraise :
MARGARITA DE FRANTIA SABAVDIAE.—Sans
revers.
Armand, II, 223, n° 9.

Anonyme italien ; xvie siècle (postérieur à 1559).

228. *Henri II, roi de France.*

Bronze.

Diamètre : 0ᵐ052.

Droit : Buste à droite lauré, cheveux et barbe
courts, cuirasse et manteau : HENRICVS . II .

GALLIARVM REX . INVICTISS . PP. — Revers :
Deux armées en présence. Le roi donne la main à
l'empereur; la Victoire soutient une couronne au-
dessus de la tête du roi. (*Trés. de Numism., Méd.
françaises,* pl. XIII, n° 7.)

Anonyme français ; xvi° siècle.

229. *Le duc d'Épernon.*

Bronze.

Diamètre : 0m056.

Droit : Buste à droite, cheveux courts et frisés,
moustaches, barbe pointue, cuirasse et manteau :
L. A. LAVALETTA . D . ESPERN . P . ET . TOT .
GAL . PEDIT . PRÆF . G . DVPRÉ . F . 1607. —
Revers : La Discorde et un lion : INTACTVS
VTRINQVE.

G. Dupré ; 1607.

230. *Louis XIII et Anne d'Autriche.*

Bronze.

Diamètre : 0m060.

Droit : Buste de Louis XIII, à droite, tête nue, une
fraise au cou, cuirassé : LVDOVIC . XIII . D . G .
FRANCOR . ET NAVARÆ REX. — 1623. G .
DVPRE. — Revers : Buste d'Anne d'Autriche, à
droite, robe décolletée, grande collerette bordée de
dentelle, coiffure basse et frisée : ANNA AVGVS
GALLLE ET NAVARÆ REGINA. — G. DVPRE
F . 1620.

G. Dupré ; 1620-1623.

231. *Le maréchal de Toyras.*

Bronze.

Diamètre : 0m060.

Droit : Buste à droite, tête nue, grande collerette, cuirasse, l'ordre du Saint-Esprit en sautoir : LE MARESCHAL DE TOYRAS . GVIL . DVPRE F 1634. — Revers : Le soleil entouré de nuages : AD-VERSA CORONANT.

G. Dupré ; 1634.

232. *Portrait d'homme.*

Bronze.

Diamètre : 0m052.

Buste à droite, barbu, lauré, le buste couvert d'un manteau à plis nombreux : VIR IC EST RODA-VIRES G LEONARDVS BONANNV ME FECIT. Les lettres D et G ont la forme des lettres capitales gothiques.

Travail italien ; commencement du xve siècle.

233. *Femme inconnue.*

Bronze.

Diamètre : 0m150.

Buste de profil à gauche ; cheveux en bandeaux sur le front ; une natte entoure la tête ; poitrine nue. Large bordure composée d'un tore de lauriers et d'une frise circulaire ornée de palmettes. — Au revers, quatre groupes de lettres gravées ainsi disposées :

IP
LA   CA
V

Fonte à cire perdue.

Nord de l'Italie ; xve siècle.

234. *Annibal.*

Bronze.

Diamètre : 0m130.

Buste de profil à gauche, cheveux courts entourés d'une bandelette, cuirasse : « ANIBAL CARTAGI-NIENSIS.

Fonte à cire perdue.

Italie ; xvᵉ siècle.

235. *Sainte Catherine de Sienne.*

Bronze.

Diamètre : 0m116.

Médaillon sans fond. Buste à droite de sainte Catherine, nimbée, en costume religieux. Enca-drement formé d'une couronne de feuillages et de fruits.

Travail italien ; fin du xvᵉ siècle.

236. *Terentia, mère de l'empereur Othon.*

Bronze.

Diamètre : 0m070.

Buste de trois quarts, à gauche : cheveux frisés sur les tempes et divisés en petites nattes, surmon-tés d'un diadème et d'une draperie ; TERENTIA . MERRE . DE . LEMP . OTON. Cette inscription, gravée en creux, est moderne.

Fonte à cire perdue reciselée.

Italie ; xviᵉ siècle.

237. *Portrait de femme.*

Bronze.

Diamètre : 0m055.

Buste à droite d'une jeune femme, les cheveux noués en chignon sur le sommet de la tête ; chemisette brodée et ouverte sur la poitrine, robe lacée, manches bouffantes à l'épaule et serrées sur le bras.

Travail vénitien ; xvie siècle.

238. *Portrait d'une négresse.*

Bronze.

Hauteur : 0m071. Largeur : 0m065.

Elle est représentée en buste, de profil à droite, vêtue d'une chemisette ouverte et d'un corsage décolleté ; un voile couvre en partie ses cheveux entremêlés de perles.

Travail vénitien ; xvie siècle.

239. *Portrait de femme.*

Bronze.

Hauteur : 0m082. Largeur : 0m060.

Buste à droite ; elle est vêtue d'une chemisette bordée de dentelles et d'une robe décolletée. Un collier de perles est passé à son cou ; ses cheveux sont nattés et noués en chignon derrière la tête.

Travail vénitien ; xvie siècle.

240. *Portrait de femme.*

Bronze doré.

Diamètre : 0m044.

Buste à droite, vêtue d'une draperie. Ses cheveux,

nattés, sont ramenés derrière la tête et forment chignon.

Travail italien; xvie siècle.

241. *Charles-Quint.*

Bronze.

Diamètre : 0m100.

Buste de profil à droite, cheveux courts, barbe longue, profil très accentué; il est vêtu d'une chemisette et d'un pourpoint à manches bouffantes; au cou, le collier de l'ordre de la Toison d'or.

Fonte à cire perdue.

Italie; xvie siècle.

242. *Portrait d'homme.*

Bronze.

Hauteur : 0m058. Largeur : 0m041.

Buste de profil à gauche, barbu, coiffé d'un bonnet. Il est vêtu d'un pourpoint et d'un manteau.

Travail allemand ou français; seconde moitié du xvie siècle.

243. *Portrait d'un prince enfant.*

Bronze.

Hauteur : 0m047. Largeur : 0m038.

Buste de profil à gauche, tête nue, cheveux courts. Il est vêtu d'un pourpoint à collet montant, garni d'une fraise, et d'un manteau; la croix de l'Ordre du Saint-Esprit pend sur sa poitrine.

Peut-être ce médaillon représente-t-il Louis XIII enfant.

Travail français; commencement du xviie siècle.

244. *Monnaie de Louis de Male, comte de Flandres.*

Or.

Diamètre : 0m034.

Droit : Le lion de Flandres assis, casqué et couronné ; en exergue : FLANDRES. — LVDOVICVS : DEI : GRA : COM : ET : DNS : FLANDRIE. — Revers : Croix tréflée : FLAND. ✠ BENEDICTVS ⊗ QVI ⊗ VENIT ⊗ IN ⊗ NOMINE ⊗ DOMINI. Lion d'or.

Années 1346-1384.

245. *Monnaie de Jean-Galéas-Marie Sforza, duc de Milan.*

Argent.

Diamètre : 0m028.

Droit : Buste à droite, tête nue, cheveux longs, cuirassé : Tête de saint Ambroise : IO . GZ . M . SF . VICECOMES . DVX . MLI . SX. — Revers : Écusson des ducs de Milan, surmonté de deux casques, ayant pour cimier, l'un une guivre, l'autre un dragon à tête humaine. Tête de saint Ambroise : LV . PATRVO . GVB'NANTE.
Armand, I, 111, n° 15.

Attribué à Caradosso Foppa ; fin du xve siècle.

246. *Monnaie de Louis XII.*

Argent.

Diamètre : 0m027.

Droit : Buste à droite, coiffé d'un bonnet entouré de la couronne de France : ✠ LVDOVICVS . DG .

FRANCORVM . REX. — Revers : Saint Ambroise, en costume épiscopal, un fouet à la main, sur un cheval au galop se dirigeant vers la droite; au-dessous, l'écu de France : DVX MEDIOLANI. Gros teston de Milan.

Travail italien; commencement du xvie siècle.

247. *Monnaie de Guillaume VIII, marquis de Montferrat.*

Argent.

Diamètre : 0m028.

Droit : Buste à gauche, cheveux longs, coiffé d'un bonnet : GVLIELMVS. MAR. MONT. FE. ETC. — Revers : L'écu de Montferrat : + SACRI.RO.IMP. PRINC.VICA.PP.

Travail italien; 1464-1483.

248. *Matrice de sceau triangulaire.*

Bronze.

Hauteur : 0m040, Largeur : 0m037.

Autour d'un écu de ... bandé de ... de 5 pièces, au chef chargé d'un léopard, on lit, en capitales gothiques: + S(igillum) XVII(er)I DE RANDENA.

xiiie siècle.

249. *Matrice de sceau.*

Bronze.

Hauteur : 0m062. Largeur : 0m042.

Sceau elliptique. Le champ est occupé par un édifice d'architecture gothique composé de trois

niches surmontées de pinacles découpés; au centre,
la Vierge debout tenant dans ses bras l'enfant Jésus;
à gauche, saint Jean-Baptiste; à droite, sainte
Catherine (?) Plus bas, le possesseur du sceau,
agenouillé; plus bas enfin, un écusson d'armoiries
chargé d'une tige de fleurs. Légende en lettres
minuscules gothiques : S.IO.CASALETI.DOCTO-
RIS.ABBATIS.BEATE.MARIE.DE.SINTVCA(?)

xve siècle.

250. *Matrice de sceau.*

Argent.

Hauteur : 0^m030. Diamètre : 0^m020.

Écu parti: au 1 coupé de ... au château de ... et
de ... à l'aigle de ..., au 2, de ... aux deux coque-
mards de ...; à la bordure de ... chargé de huit
vols d'aigle; anneau de suspension quadrilobé.

Espagne; xvie siècle.

ORFÈVRERIE

ORFÈVRERIE ET BIJOUTERIE

251. *Petite cuiller d'argent.*

Longueur : 0ᵐ170.

Elle porte l'inscription : NAEVI VIVAS.

Sur ces cuillers d'argent et leur usage, voir De'
Rossi, *Bulletin d'archéologie chrétienne,* année 1868,
p. 80-86 (planche); et Frœnher, *Kritische Ana-
lekten,* n° 60.

Époque romaine.

252. *Pendants d'or ornés de pierreries.*

Hauteur : 0ᵐ055 et 0ᵐ023.

Quatre fragments : Deux petits pendants en forme
de pendant d'oreille, ornés de perles percées; deux
pendants plus grands ornés de perles et de saphirs
percés.

Ces fragments sont absolument semblables aux
pendants qui ornent la couronne du roi Receswinthe,
conservée au musée de Cluny.

Travail visigoth du viie siècle.

253. *Deux pendants d'oreilles en or ornés de filigranes.*

Hauteur : 0ᵐ025.

Ces pendants affectent la forme d'une urne à deux anses, montée sur un pied cubique. A leur partie antérieure ils sont ornés de guirlandes et de losanges formés par des perles de métal juxtaposées.

Époque romaine.

254. *Pendant d'oreille en argent doré orné d'émaux et de verroterie.*

Hauteur : 0ᵐ053.

Il est formé d'une couronne fermée sommée d'une croix et accostée de deux pendants. Deux ornements en volutes encadrent une pâte de verre bleu; un pendant émaillé termine le tout. Émaux bleu, blanc, rouge, vert, noir.

Travail espagnol; xviie siècle.

255. *Pendant d'oreille en or orné d'émaux et de perles.*

Hauteur : 0ᵐ035.

Bouton en forme de fleurette, émaillé de blanc et de rose, dont le centre est formé par une perle; pendant en forme d'ancre auquel sont suspendues des perles d'émail et de menues perles fines.

Travail espagnol; xviie siècle.

256. *Deux pendants d'oreilles en argent doré estampé et émaillé.*

Hauteur : 0m080.

Chaque pendant affecte la forme d'une ancre sur les faces de laquelle sont appliquées des têtes de chérubins grossièrement estampées ; la partie inférieure et le crochet sont bordés d'une frange de menues perles.

Travail espagnol ; xviiie siècle.

257. *Pendant de cou formé d'une perle baroque montée en or émaillé.*

Hauteur : 0m115.

Il représente un dragon ailé dont le corps est composé par une perle baroque. Il a la gueule ouverte, les ailes déployées, le corps terminé par un mufle de lion, la queue, plusieurs fois repliée, par une tête de chimère. Une petite perle baroque est pendue à la partie inférieure. Tout le corps du monstre est couvert d'ornements en forme de cercles ou de chevrons,

18

alternativement émaillés de blanc et de bleu clair.
Une triple chaîne à anneaux plats relie le dragon à
un anneau de suspension en or ciselé et émaillé
représentant une tête de lion.

Acquis à Barcelone.

Reproduit dans la *Gazette des Beaux-Arts*, t. XVIII, p. 562,
et dans Ch. Eudel, *Le baron Charles Davillier*, p. 41.

Travail italien; xvie siècle.

258. *Pendant de cou formé d'une perle baroque montée en or émaillé.*

Hauteur : 0m090.

Il représente un Triton dont la partie inférieure se
termine en queue de poisson, les bras en nageoires.
Le buste est formé par une grosse perle baroque.
De son bras gauche, il essaie de se défendre contre
un serpent qui va le piquer à la face. Son casque,
en forme de mufle de lion, est muni d'ailerons.
Émaux blanc, bleu turquoise et noir. La double
chaîne de suspension est en jaseron de Venise; l'anneau de suspension lui-même, en or découpé et
émaillé, orné de perles, nous paraît être de travail
espagnol et du xviie siècle.

Travail d'Augsbourg ou de Nuremberg; xvie siècle.

259. *Pendant de cou en or.*

Hauteur : 0m030.

Il représente un cœur sous un pressoir. A la partie inférieure pendent trois petites perles figurant
des fruits; on y lit l'inscription AIME.

Travail italien; xvie siècle.

260. *Pendant de cou en or ciselé et émaillé.*

Hauteur : 0^m095.

Il se compose d'une aiguière à panse en forme de poire renversée. Le goulot représente une tête de dragon ; l'anse est formée d'une chimère repliée sur elle-même et terminée par une griffe. Une chaînette accrochée à l'anse et au goulot réunit l'aiguière à l'anneau de suspension émaillé de blanc et de noir et orné d'un côté d'un petit diamant en table et d'une perle pendante. La panse du vase est divisée en quatre lobes couverts d'entrelacs émaillés de blanc et de feuillages d'or se détachant sur fond noir.

Voyez dans l'ouvrage du baron Ch. Davillier, *Orfèvrerie en Espagne,* planche X, le modèle d'un bijou signé du nom de l'orfèvre catalan Jaume Prats, qui offre avec notre pendant beaucoup d'analogie. Le bijou de Jaume Prats est de 1549.

Travail espagnol ; milieu du xvie siècle.

261. *Pendant de cou en forme de cœur.*

Hauteur : 0^m035.

D'un côté un homme et une femme, vus à mi-corps, en costume de la fin du xvie siècle, se donnant la main ; de l'autre, deux écussons : l'un portant le monogramme et les trois clous du Christ ; l'autre une tige de fleur naissant d'un cœur ; au-dessus les trois lettres : Y. M. N., et au-dessous une fleur de lys de Florence. Verre églomisé monté en argent.

Travail espagnol ; fin du xvie siècle.

262. *Pendant de cou en or émaillé.*

Hauteur : 0m350.

Dans un encadrement en or guilloché et auquel
sont suspendues quatre menues perles, deux petites
figures en relief et émaillées représentent la scène
de l'Annonciation.

Travail espagnol; xviie siècle.

263. *Bijou en or émaillé en forme de cœur.*

Hauteur : 0m070. Longueur : 0m055.

Le bord en est émaillé de noir, de blanc et de rose;
la tranche est décorée de feuillages réservés en
or sur fond d'émail noir, et de place en place de
boutons émaillés colorés de rose et de blanc. Belière
formée de deux ornements en forme de C adossés
et réunis par un anneau.

Travail français; première moitié du xviie siècle.

264. *Médaillon reliquaire en cristal de roche.*

Hauteur : 0m087. Longueur : 0m070.

Il est de forme ovale et disposé en étoile à huit
rayons, chacun des rayons étant évidé. Chacune de
ces cavités, sertie d'or émaillé de noir, contient des
reliques protégées par deux plaques de cristal et
accompagnées de légendes. Au centre, une portion
évidée de forme ovale, mais plus grande, sertie de
même, renferme deux petites figures d'or émaillé
représentant la Visitation. Belière d'or émaillé de
noir et de blanc.

Travail espagnol; xvie siècle.

265. *Médaillon en verre églomisé, monture en cuivre.*

Hauteur : 0ᵐ049. Longueur : 0ᵐ035.

De forme octogonale, ce médaillon offre l'image de la Madeleine, assise, pleurant devant le crucifix. Bordure de petits rinceaux dorés.

Italie; fin du xvie siècle.

266. *Médaillon en or orné de filigrane et d'émaux.*

Hauteur : 0ᵐ032.

Ce médaillon affecte la forme d'un livre fermé, muni à sa partie supérieure d'une belière. Sur chaque plat un médaillon central émaillé de bleu, entouré de fleurettes multicolores; dans l'un de ces médaillons on voit le monogramme de Jésus, dans l'autre celui de la Vierge. La reliure est bordée d'un fil d'or tordu.

Travail espagnol; xviie siècle.

267. *Médaillon en or émaillé encadrant un verre églomisé.*

Hauteur : 0ᵐ080.

Ce médaillon est de forme ovale; autour d'un cercle ponctué et émaillé s'étend une bordure matée à l'outil sur laquelle se détachent des fleurs émaillées imitant des pierres précieuses et des cuirs gravés et émaillés de blanc et de noir. Revers semblable. Sur la face est enchâssée une petite peinture

sous verre représentant le Christ en croix entre la
Vierge et saint Jean.

Travail espagnol; xvie siècle.

268. *Médaillon en or émaillé encadrant deux verres églomisés.*

Hauteur : 0^m070.

Il est de forme ovale; autour d'un cercle gravé et
émaillé s'étend un encadrement formé de cuirs
découpés à jour et émaillés de blanc, de noir, de bleu
turquoise et de rouge. Revers semblable. L'une des
peintures représente le Christ en croix entre la
Vierge et saint Jean, accompagnée de l'inscription :
+ CVIVS.LIVORE.SANATI.SVMVS; l'autre peinture représente la fuite en Égypte; on y lit l'inscription : +INGREDIETVR IN [Ægyptum et commove]
BVNTVR. IDOLA EIVS. (Isaïe, xix, 1.)

Travail espagnol; xvie siècle.

269. *Médaillon en or ciselé, repercé, émaillé et orné de pierres précieuses.*

Hauteur : 0^m060.

Une couronne d'épines sur laquelle sont fixées dix
opales, forme l'encadrement auquel sont suspendues deux menues perles. Au centre se détache une
petite figurine de l'enfant Jésus, debout, vêtu d'une
robe émaillée de bleu, constellée d'étoiles d'or,
bénissant de la droite, la boule du monde dans la
main gauche. Revers orné de fleurettes émaillées.

Travail espagnol; xviie siècle.

270. *Croix en cuivre champlevé, émaillé et doré*.

Hauteur : 0m443. Largeur : 0m26.

Sur la croix est représen é le Christ, nimbé, barbu, cloué par quatre clous, vêtu d'un jupon qui descend jusqu'aux genoux. Au-dessus de sa tête, sur deux lignes, l'inscription : IHS — XP — S. Au-dessus de cette inscription est représentée, suivant la tradition, la Lune, sous la figure d'une femme vue à mi-corps, un large croissant derrière la tête. Aux deux extrémités des bras de la croix, on remarque la représentation d'encensoirs, que tenaient sans doute les anges, figurés sur d'autres plaques destinées à compléter l'ensemble du crucifix. Le tout était cloué sur une âme de bois. Chairs émaillées de blanc; teintes bleu lapis, bleu clair, bleu turquoise, rouge, vert clair et jaune.

Travail rhénan; fin du xiie siècle ou commencement du xiiie siècle.

271. *Deux Croix en argent émaillé sur reliefs*.

Hauteur : 0m060. Largeur : 0m038.

Sur l'une des croix est fixé un Christ en argent doré, surmonté de l'inscription émaillée YNRY; au bas de la croix, la Madeleine agenouillée, vue de dos.

Sur l'autre croix sont représentés les instruments de la Passion, et, au bas, une sainte vue à mi-corps, tenant de la main droite une croix, de la gauche un livre.

Émaux bleu, vert, jaune, lie de vin translucides et rouge opaque.

Ces émaux sont fixés sur une reliure moderne en argent ciselé et repoussé dont le seul intérêt est de recouvrir un office de la Vierge imprimé à Sienne en 1805. Ces émaux siennois n'ont donc jamais quitté leur lieu d'origine.

Travail siennois; xive siècle.

272. *Croix de cristal de roche montée en or émaillé.*

Hauteur : 0m088.

La croix est garnie à chacune de ses extrémités d'une sorte de gaine en or ciselé et orné de feuillages émaillés de rouge, de vert et de bleu turquoise. Sur la face, un Christ en or ciselé et en partie émaillé; au revers, la Vierge debout et portant l'enfant Jésus. Aux bras et au bas de la croix pendent six petites perles.

Travail espagnol; xvie siècle.

273. *Croix d'or.*

Hauteur : 0m080.

Elle est couverte de rinceaux d'or se détachant sur un champ émaillé de noir, encadré d'entrelacs émaillés de blanc. Au revers, un petit écusson émaillé portant les cinq plaies et les trois clous du Christ.

Travail espagnol; xvie siècle.

274. *Croix d'or émaillé, à branches égales.*

Hauteur : 0m047.

Elle est ornée de quatre diamants et d'une topaze ;
quatre perles cantonnent les bras de la croix ; trois
autres sont suspendues aux bras et à l'extrémité
inférieure. Revers guilloché et émaillé de noir et de
blanc.

Travail espagnol ; xvie siècle.

275. *Croix d'or gravé et émaillé, avec figu-rines en relief.*

Hauteur : 0m070.

Le bois de la croix est à quatre pans ; on y voit,
gravés et émaillés de noir, sur la face, les instruments de la Passion ; au revers, des rinceaux. Sur la
face est fixé un Christ en relief, émaillé ; au revers,
une Vierge glorieuse, également en relief et
émaillée. Aux extrémités de la croix sont pendues
deux petites perles ; au bas, un petit pendant
émaillé.

Travail espagnol ; fin du xvie siècle.

276. *Croix d'or gravé et émaillé.*

Hauteur : 0m060.

Elle est couverte d'ornements gravés et émaillés
de noir. Sur la face est fixé un petit Christ émaillé.
Au revers, on voit les instruments de la Passion,
gravés et émaillés de noir. Trois petites perles
baroques sont pendues aux bras et à l'extrémité
inférieure de la croix.

Travail espagnol ; fin du xvie siècle.

19

277. *Croix d'or émaillé.*

Hauteur : 0^m067.

Elle est émaillée de blanc et de noir, et ornée sur sa face de sept cristaux de roche imitant des diamants en table.

Travail espagnol; fin du xvie siècle.

278. *Croix d'or ciselé et émaillé, ornée de pierres précieuses.*

Hauteur : 0^m075.

La face est décorée de sept améthystes et de quatre émeraudes taillées en table, et formant une croix qu'entourent des motifs d'ornement découpés à jour et émaillés. Aux bras et au bas sont pendues cinq petites perles. Revers gravé et émaillé de blanc, noir, bleu lapis et vert.

Travail espagnol; xviie siècle.

279. *Croix d'or émaillé.*

Hauteur : 0^m058.

Elle est émaillée de vert sur la face et ornée au revers de rinceaux d'or réservé sur fond bleu clair. Les bras de la croix sont cantonnés de quatre fleurs de lys émaillées.

Travail espagnol; xviie siècle.

280. *Petite croix d'or ornée de pierres imitant des émeraudes.*

Hauteur : 0m025.

Elle est formée de sept chatons carrés superposés, cinq formant la tige, deux les bras. Revers émaillé de blanc et de noir.

Espagne ; xviie siècle.

281. *Croix de Malte en argent filigrané et doré.*

Hauteur : 0m030. Largeur : 0m040.

Elle est bordée d'un cordonnet en filigrane tordu ; chaque face est ornée de neuf rosaces ajourées.

Travail italien ; xviie siècle.

282. *Médaillon en argent fondu, gravé et doré.*

Hauteur : 0m075. Largeur : 0m062.

Ce médaillon, de forme ovale, est entouré d'une bordure à jour composée de palmettes et de volutes accouplées. Il est muni d'un anneau de suspension. D'un côté, on voit la Vierge debout, nimbée et couronnée, tenant dans ses bras l'enfant Jésus, le tout sur un fond diapré et orné de festons ; de l'autre, sur un fond semblable, est gravée la figure de saint Jean-Baptiste, debout, vêtu d'une peau de bête, et tenant sur un livre l'agneau mystique.

Italie ; commencement du xvie siècle.

283. *Monture d'un médaillon en lapis.*

Or ciselé et émaillé.

Hauteur : 0m087. Largeur : 0m063.

Cette monture se compose : d'une bordure intérieure émaillée en damier de blanc et de noir; de
quatre coins ciselés et repercés, émaillés de blanc
et de rouge translucide; de trois plaques, deux pour
les côtés, une pour le bas, émaillées de même; et
d'un anneau de suspension émaillé de blanc, de
rouge et de vert translucides.

Le médaillon en lapis est moderne.

Travail italien; xvie siècle.

284. *Médaillon en cuivre champlevé, doré et émaillé.*

Hauteur · 0m062. Largeur : 0m060.

De forme carrée, il est orné d'une bordure dentelée. Émaux blanc, bleu lapis et noir opaques. Revers émaillé suivant le même système.

Travail catalan; xviie siècle.

285. *Médaillon en cuivre champlevé et émaillé.*

Hauteur : 0m070. Largeur : 0m065.

De forme triangulaire, il est orné d'une bordure
découpée à jour; la plaque centrale, repercée, représente une croix entourée de rinceaux. Émaux
blanc, bleu foncé et bleu clair opaques. Revers
émaillé de même.

Gravé dans les *Recherches sur l'orfèvrerie en Espagne*, par
le baron Charles Davillier, p. 258.

Travail catalan; commencement du xviie siècle.

286. *Médaillon en cuivre champlevé, doré et émaillé.*

Hauteur : 0ᵐ072. Largeur : 0ᵐ057.

De forme ovale, il est orné d'une bordure dentelée. Émaux blanc, noir et vert opaques. Revers
émaillé suivant le même système.

Travail catalan; xvɪɪᵉ siècle.

287. *Médaillon en cuivre champlevé, doré et émaillé.*

Hauteur · 0ᵐ058. Largeur : 0ᵐ075.

De forme hexagonale, il est orné sur ses bords de
fleurons et de flammes découpés. Il renferme une
petite miniature placée sous verre représentant
saint François portant l'enfant Jésus. Au revers, on
voit le monogramme de Jésus et les trois clous de la
crucifixion, découpés à jour et émaillés, placés sur
un fond de paillon recouvert d'une lame de corne
transparente. Émaux blanc, noir et bleu lapis
opaques.

Travail catalan; xvɪɪᵉ siècle.

288. *Médaillon en cuivre champlevé, doré et émaillé.*

Hauteur : 0ᵐ062. Largeur : 0ᵐ060.

De forme carrée, il est orné d'une bordure dentelée. Une plaque, découpée à jour et rapportée,
porte en grandes lettres le monogramme S MART,
(Sancta Martha?) surmonté d'une couronne ouverte.

Émaux blanc, noir et bleu lapis opaques et vert translucide. Revers émaillé suivant le même système.

Travail catalan; xviie siècle.

289. *Médaillon en cuivre champlevé et émaillé.*

Hauteur : 0^m055. Largeur : 0^m044.

Il affecte la forme d'un tabernacle entouré de flammes; au centre, le saint sacrement flanqué de deux S entrelaçant deux des clous de la Passion. Émaux bleu clair, bleu foncé et blanc opaques. Revers émaillé de même.

Travail catalan; commencement du xviie siècle.

290. *Médaillon en cuivre champlevé et émaillé.*

Hauteur : 0^m065. Largeur : 0^m070.

De forme octogone, il est orné d'une bordure de fleurons découpés à jour. La plaque centrale représente un calice surmonté de l'hostie, soutenu par deux anges. Émaux bleu foncé, bleu clair et blanc opaques. Revers émaillé de même.

Travail catalan; xviie siècle.

291. *Médaillon en cuivre champlevé et émaillé.*

Hauteur : 0^m055. Largeur : 0^m040.

Il affecte la forme d'un tabernacle entouré de flammes. Au centre, le saint sacrement accosté de palmes. Émaux blanc, bleu foncé et bleu clair opaques. Revers émaillé de même.

Travail catalan; commencement du xvii⁰ siècle.

292. *Bague en or enchâssant un cabochon de basalte.*

Diamètre : 0ᵐ019.

Anneau en forme de torsade; le chaton, de forme ovale et de basalte grisâtre, est serti dans une bate filigranée et accostée de deux groupes de trois perles d'or.

Travail étrusque.

293. *Bague en or enchâssant une sardonyx à deux couches.*

Diamètre : 0ᵐ018.

Anneau formé par la réunion de perles d'or juxtaposées. Chaton ovale enchâssant une sardonyx sur laquelle est gravé un Jupiter nu, debout, une chlamyde jetée sur le bras droit; de la main gauche avancée il tient le foudre, de la droite il s'appuie sur un sceptre.

Époque romaine.

294. *Bague antique en or.*

Diamètre : 0ᵐ025.

Jonc à quatre pans, accompagné d'un chaton ovale sur lequel sont gravées les représentations d'Œdipe et du Sphinx.

295. *Petite bague en or.*

Diamètre : 0ᵐ015.

Anneau plat allant en s'élargissant à la partie antérieure sur laquelle on lit, gravée à la pointe, l'inscription : LVCIÆ ✚ VELIÆ. L'inscription est moderne.

Époque romaine.

296. *Bague en or enchâssant une sardonyx à trois couches.*

Diamètre : 0ᵐ017.

Anneau plat, orné à sa partie antérieure de motifs
découpés en forme de bouclier d'amazone (pelta),
accostant un chaton ovale. Une fourmi est gravée
sur la sardonyx.

Époque romaine.

297. *Bague en or.*

Diamètre : 0ᵐ025.

L'anneau, en forme de jonc, est terminé par deux
têtes de serpents formant un double chaton.

Époque romaine.

298. *Bague en or enchâssant une sardonyx à deux couches.*

Diamètre : 0ᵐ210.

Anneau en forme de jonc; sur le chaton une galère
à six rames, montée par deux hommes.

Époque romaine.

299. *Bague en or gravé.*

Diamètre : 0m020.

Anneau plat; chaton ovale sur lequel est gravée une Minerve debout, casquée, un bouclier dans la main gauche, une lance dans la main droite.

Époque romaine.

3oo. *Anneau en or.*

Diamètre : 0m016.

Anneau renforcé à la partie antérieure; un petit cartel sur lequel on lit, gravé, le mot AVE, forme chaton.

Basse époque romaine.

3o1. *Bague en or enchâssant un grenat gravé.*

Diamètre : 0m017.

Anneau large et plat; le grenat représente une tête d'homme à cheveux crêpus, vue de face.

Monture moderne; pierre antique.

3o2. *Bague en or portant une inscription.*

Diamètre : 0m022.

Anneau en forme de jonc; chaton carré accompagné de deux groupes de trois perles. Au centre du chaton est gravée l'image d'un oiseau, et autour l'inscription : + TRASILOI.

Époque mérovingienne.

3o3. *Bague en or, à monogramme.*

Diamètre : 0ᵐ024.

Anneau en forme de jonc; chaton circulaire portant un monogramme composé des lettres S, R, S, O, E.

```
      R
      |
  S—O—S
      |
      E
```

la lettre O occupant le centre, et les autres étant disposées en croix.

Époque mérovingienne.

3o4. *Bague en or, à inscription.*

Diamètre : 0ᵐ018.

Jonc plat; chaton ovale sur lequel est gravée, en creux, l'inscription : FESTIS (?).

Époque mérovingienne.

3o5. *Bague en or, ornée d'un écusson gravé.*

Diamètre : 0ᵐ020.

Anneau méplat à large chaton sur lequel est gravé un écu chargé d'une harpie; légende illisible.

xive-xve siècle.

3o6. *Anneau d'or portant des armoiries sur le chaton.*

Diamètre : 0ᵐ023.

Anneau uni; sur le chaton, de forme ovale, un écu de forme italienne, parti de... au griffon de..., et de... et de... bandé de six pièces, au chef de... chargé d'un soleil. De chaque côté de l'écusson, les deux lettres A — N.

Italie; commencement du xvie siècle.

307. *Bague en argent gravé et niellé.*

Diamètre : 0m020.

Anneau plat; sur le chaton, presque circulaire, une tête de femme, de profil à gauche, les cheveux dans une résille; le tout gravé et niellé.

Italie; commencement du xvie siècle.

308. *Bague en or.*

Diamètre : 0m017.

Anneau en forme de jonc, plus large, ciselé et émaillé à sa partie antérieure. Chaton ciselé et émaillé de noir. La pierre qui ornait le chaton a disparu.

Italie; xvie siècle.

309. *Bague en argent, à chaton circulaire.*

Diamètre : 0m022.

Large anneau plat; chaton circulaire portant un écusson gravé chargé d'un lion; le chaton est accosté de deux ornements méplats en forme de larmes.

Italie; xvie siècle.

310. *Bague d'or enchâssant une émeraude.*

Diamètre : 0m018.

Anneau plat à ornements repercés et émaillés,
accostant un chaton carré dans lequel est enchâssée
une émeraude en table. Traces d'émail.

Italie; xvie siècle.

311. *Bague d'argent, ornée d'armoiries.*

Diamètre : 0m023.

Anneau aplati; sur le chaton circulaire un écu
ovale, penché, timbré d'un heaume couronné ayant
une tête de cheval pour cimier. Les armoiries sont
« bandé d'azur et de... de huit pièces, à la cham-
pagne de..., au chef de France. »

Italie; xviie siècle.

312. *Bague en or.*

Diamètre : 0m017.

Anneau méplat guilloché; chaton barlong ciselé
et émaillé de noir. La pierre qui ornait le chaton a
disparu.

Italie; xviie siècle.

313. *Bague en or enchâssant une émeraude.*

Diamètre : 0m020.

L'anneau est formé par deux dragons dont les
queues sont entrelacées et qui accostent un chaton
en forme de cartouche découpé, enchâssant une

émeraude. Le chaton, dont la forme accuse le
xvi⁰ siècle, a été rapporté.

Espagne; xv⁰ siècle.

314. *Bague d'argent, ornée de filigranes.*

Diamètre : 0ᵐ020.

Anneau formé d'un fil d'argent tordu, soudé à la
partie postérieure d'un chaton plat et circulaire
orné de différents motifs d'ornements exécutés en
filigranes, parmi lesquels on distingue une main
ouverte.

Trouvée à Grenade.

Sur cette bague, la signification du symbole qu'elle
représente et la période de l'art à laquelle elle appartient, voyez l'ouvrage du baron Charles Davillier,
Atelier de Fortuny, p. 97.

Espagne : xvi⁰ siècle.

315. *Bague en argent doré enchâssant un cristal de roche.*

Diamètre : 0ᵐ017.

Anneau orné de feuillages ciselés; le chaton carré,
entouré de feuillages, enchâsse un cristal en forme
de pyramide tronquée.

Espagne; xvi⁰ siècle.

316. *Bague en or enchâssant une améthyste gravée.*

Diamètre : 0ᵐ018.

La monture se compose d'un anneau filigrané,
muni à sa partie antérieure de deux ornements en

forme de fleurs de lys accompagnés de perles d'or. Sur l'améthyste est gravée une tête d'homme, laurée, de profil à droite.

Monture espagnole, xvie siècle; pierre moderne.

317. *Bague en or enchâssant une peinture sur cristal.*

Diamètre : 0m020.

Anneau plat, ciselé sur le devant; chaton octogone découpé et ciselé enchâssant un petit verre églomisé à demi effacé.

Espagne; xvie siècle.

318. *Bague en or enchâssant un rubis.*

Diamètre : 0m019.

Anneau plat ciselé et émaillé de blanc et de rouge à la partie antérieure. Chaton carré, ciselé et émaillé de rouge sur ses faces, enchâssant un petit rubis en table.

Espagne; xvie siècle.

319. *Bague en argent doré enchâssant quatre grenats.*

Diamètre : 0m020.

Anneau orné de feuillages repercés et ciselés à sa partie antérieure. Le chaton représente une grosse fleur dont les pétales sont figurés par des grenats.

Espagne; xviie siècle.

320. *Bague en or enchâssant quatre verroteries imitant les diamants.*

Diamètre : 0m014.

Anneau en forme de jonc; chaton carré divisé en quatre parties par une monture émaillée de blanc et de bleu; les bords du chaton sont émaillés de rouge.

Espagne; xviie siècle.

321. *Bague en or enchâssant une perle et deux petits grenats.*

Diamètre : 0m020.

Anneau à gouttière, orné à la partie antérieure de feuillages repercés à jour. La perle qui forme le chaton est accostée de deux petits grenats sertis dans une monture d'argent.

Espagne (?); xviiie siècle.

322. *Bague en or à chaton gravé.*

Diamètre : 0m020.

Anneau en forme de jonc; chaton ovale au chiffre du donateur.

xviiie siècle.

323. *Bague en or enchâssant une fleur de lys en cristal.*

Diamètre : 0m017.

Anneau en forme de jonc; fleur de lys formée de cinq morceaux de cristal de roche enchâssés dans une monture d'or.

xviiie siècle.

324. *Bague en or enchâssant une fleur de lys en cristal.*

Diamètre : 0m019.

Anneau en forme de jonc; fleur de lys formée de quatre morceaux de cristal de roche enchâssés dans une monture d'or.

xviiie siècle.

325. *Petite bague en or enchâssant une émeraude.*

Diamètre : 0m012.

Anneau plat guilloché à la partie antérieure. Chaton carré émaillé de feuillages blancs et noirs.

xviie siècle.

326. *Bracelet en argent repoussé et gravé.*

Diamètre : 0m075.

Il est décoré sur son pourtour de dessins pointillés et en forme de chevron et d'inscriptions, dont le sens est : *Le pouvoir est à Dieu; bonheur; prospérité.*

Travail arabe; xiiie siècle.

327. *Amulette en argent émaillé.*

Hauteur : 0m075. Largeur : 0m040.

Elle est en forme de trapèze et couverte d'ornements arabesques cloisonnés et émaillés; sur les bords on lit deux inscriptions, deux fois répétées chacune sur un fond d'émail, dont le sens est : *Dieu est le refuge dans toutes les tribulations; Dieu est le gardien.*

Emaux bleu, rouge et vert.

Travail arabe; xve siècle.

328. *Affique en argent.*

Diamètre : 0m260.

De forme circulaire, elle porte l'inscription suivante, gravée en lettres minuscules gothiques : PEYIEZ D AMOR (?). Cette affique a été dorée.

Travail français; xive siècle.

329. *Agrafe (fragment d') en argent doré et émaillé.*

Longueur : 0m080.

Cette agrafe se compose d'un disque découpé et estampé, encadrant d'une double torsade une plaque d'émail translucide sur argent, représentant saint Barthélemy vu à mi-corps, de profil à droite, tenant dans la main gauche le couteau, instrument de son martyre. Tons jaune, bleu et violacé. Un disque plus petit, accroché au premier, entouré d'un dessin filigrané, porte, également en filigrane, une fleur de lys fleuronnée, comme la fleur de lys de Florence.

Italie; commencement du xve siècle.

33o. *Boucle de ceinture en or émaillé.*

Longueur : 0^m035.

Elle est composée de branchages de filigranes
ornés de fleurettes émaillées de noir et de blanc;
l'ardillon, à double pointe, est émaillé de noir sur
l'une de ses faces, et gravé sur l'autre.

Travail italien; xviie siècle.

33i. *Chaton d'or émaillé enchâssant un cristal taillé.*

Longueur : 0^m025. Largeur : 0^m031.

Il est de forme ovale et orné d'arabesques blanches
sur fond d'émail noir.

Italie; xvie siècle.

33ₐ. *Chaton d'or émaillé enchâssant un cristal taillé.*

Longueur : 0^m020.

Il est de forme carrée et orné d'arabesques blanches sur fond d'émail noir; aux angles, quatre petits
anneaux.

Italie; xvie siècle.

333. *Petit édicule.*

Bronze doré.

Hauteur : 0^m100. Largeur : 0^m040.

Ce petit édicule, destiné à recevoir une statuette,
affecte la forme donnée quelquefois aux pinacles

qui surmontent les contreforts des églises gothiques.
Les baies sont terminées par un arc en accolade.

France: fin du xvᵉ siècle.

334. *Monture en argent doré d'un petit vase en verre de Venise.*

Hauteur : 0ᵐ10.

Cette monture se compose de quatre Termes en
argent repoussé, ciselé et doré, deux d'hommes et
deux de femmes alternant et séparés par de larges
feuilles frisées, réunis sur un pied à balustre can-
nelé, à base entourée d'une couronne de feuillage.
Un cercle, décoré d'un motif d'ornement gaufré,
réunit les Termes à leur partie supérieure et com-
plète le réseau métallique qui enchâsse le verre.
Le verre lui-même, à panse hémisphérique, à fond
bleu, appartient au genre appelé *millefiori*.

Gravé dans l'ouvrage du baron Ch. Davillier, *Orfèvrerie en
Espagne*, p. 82. Ce vase provient de Valladolid.

Espagne ; xvıᵉ siècle.

335. *Étui en argent filigrané.*

Longueur : 0ᵐ10.

L'extrémité inférieure et l'endroit où les deux
parties rentrent l'une dans l'autre sont décorés de
mascarons et de mufles de lions ciselés, entourés
d'ornements découpés à jour.

Italie ; xvııᵉ siècle.

336. *Encadrement de médaillon en argent doré.*

Largeur : 0m040. Hauteur : 0m077.

Il est à double face, de forme ovale, orné de cuirs découpés et, au haut, d'une tête de chérubin.

Italie; commencement du xviie siècle.

337. *Petit pulvérin ou tabatière en argent niellé.*

Hauteur : 0m070. Largeur · 0m062.

Il se compose de deux plaques en forme de trapèze; sur l'une est représenté un personnage vêtu à l'antique, dans un char traîné par deux chevaux; sur l'autre, un écusson soutenu par deux dragons, surmonté d'un casque et d'une couronne, de gueules au chevron d'argent accompagné de trois étoiles à huit rais, deux en chef, une en pointe. La tranche, munie de deux anneaux, est décorée d'entrelacs. Une petite pièce à ressort ferme l'ouverture.

Travail allemand; xviie siècle.

338. *Petit brûle-parfum en argent estampé.*

Hauteur : 0m150.

Il affecte la forme d'une boule ornée de feuillages et découpée à jour dans sa partie supérieure, montée sur un pied en balustre dont la patte est godronnée. Un vase de fleurs le surmonte et sert à fixer la moitié supérieure de la boule, qui peut s'enlever. Sous le pied, trois poinçons, dont l'un est composé des lettres A C entrelacées.

Allemagne; xviie siècle.

339. *Plaque de suspension.*

Bronze.

Diamètre (sans l'anneau) : 0m056.

Au centre, un monogramme composé des trois lettres gothiques A E G accolées; sur la bordure, l'inscription suivante en lettres gothiques : + EN DIOS ES : EL PODER. Cette inscription, gravée en creux. est remplie d'émail bleu.

Espagne; xve siècle.

340. *Plaque de suspension.*

Cuivre doré.

Diamètre (sans l'anneau) : 0m060.

Au centre, une femme assise sous une niche d'architecture gothique; à droite et à gauche, un lion. Figures gravées et épargnées. Cette plaque, en forme de quadrilobe, a dû être émaillée; elle provient sans doute d'un harnais de cheval.

France; xive siècle.

341. *Quatre plaques en argent gravé, portant des traces d'émail et provenant d'une croix ou d'un reliquaire.*

Largeur : 0m052.

Chaque plaque est quadrilobée.

1° L'ange de l'Annonciation, une tige de lys dans la main gauche, bénissant de la droite, vu à mi-corps et de profil.

2° La Vierge, les mains jointes, vue à mi-corps, assise devant un pupitre.

3° Saint Pierre, vu à mi-corps, assis, une clé dans la main droite, un livre dans la gauche.

4° Saint Paul, vu à mi-corps, assis, une épée dans la main droite, un livre dans la gauche.

Ces plaques, à fond guilloché, ont été autrefois recouvertes d'émail translucide.

Italie; commencement du xvᵉ siècle.

342. *Quatre plaques d'argent niellé, provenant d'un reliquaire.*

Diamètre : 0ᵐ040.

1° La décollation de saint Jean-Baptiste :

2° Un saint martyr tenant un livre et une palme ;

3° Saint Georges combattant le dragon ;

4° Saint Pierre et saint Paul ;

Personnages niellés : fond guilloché et doré.

Italie; xvᵉ siècle.

343. *Plaque rectangulaire d'argent niellé.*

Hauteur : 0ᵐ015. Largeur : 0ᵐ010.

Cette plaque offre l'image d'un enfant en buste, de trois quarts à droite, cheveux longs, coiffé d'un bonnet, vêtu d'un pourpoint plissé ; près de lui une tige de fleur.

Cette plaque est fixée sur le tympan du baiser de paix. n° 345.

Italie; xvᵉ siècle.

344. *Deux plaques d'ornement provenant d'un meuble.*

Bronze fondu, ciselé et doré.

Hauteur : 0ᵐ032. Largeur : 0ᵐ032.

Sur chacune des plaques est figurée une chimère vue de face, accroupie sur un vase. De chaque côté, des oiseaux et des feuillages.

Italie ; xvɪᵉ siècle.

345. *Baiser de paix en bronze doré, orné de plaques niellées.*

Hauteur : 0ᵐ150. Largeur : 0ᵐ095.

Sur un soubassement se dressent deux colonnes cannelées supportant un entablement et un fronton semi-circulaire, orné d'une bordure de feuillages et de palmettes. Sur le soubassement deux écussons niellés de... au bélier de...; parti de... au trois macles de... posés un et deux; et de... à la fasce de...; et une plaque sur laquelle sont représentés à mi-corps saint Roch, saint Christophe, saint Bernardin de Sienne et saint Sébastien. Au centre de la paix, le Christ de pitié, à mi-corps, dans le tombeau, entouré des instruments de la Passion. Sur la frise de l'entablement on lit l'inscription : MORS. MEA.VITA.TVA.

Italie ; xvᵉ siècle.

346. *Baiser de paix en bronze doré.*

Hauteur : 0ᵐ170. Largeur : 0ᵐ105.

Ce baiser de paix est flanqué de deux pilastres et surmonté d'un tympan dont l'architecture est purement italienne. Sur le tympan, la résurrection du Christ, accompagnée de l'inscription : *QVI TOLIT PECCATA MONDI*. Le baiser de paix lui-même représente le Christ vu à mi-corps, sortant du tombeau, assisté par la Vierge et saint Jean ; plus haut, quatre anges en pleurs soutiennent le linceul du Christ. Poignée en forme d'S.

Voir plus haut, n° 181, une plaquette semblable à ce baiser de paix.

Travail bourguignon ou flamand ; xve siecle.

347. *Baiser de paix en bronze doré, orné de plaques niellées.*

Hauteur : 0^m013. Largeur : 0^m085.

Il affecte la forme d'un monument terminé par un fronton triangulaire soutenu par deux pilastres flanqués de volutes et placés sur un soubassement élevé. Au milieu de ce soubassement, une petite plaque d'argent niellé portant une croix. Le motif principal représente l'*Ecce homo*, gravé et niellé, accompagné du mot IEROSOLIMA ; au tympan on voit un nielle offrant l'image du Père Eternel.

Poignée en volute.

Italie ; commencement du xvie siècle.

348. *Baiser de paix en bronze doré.*

Hauteur : 0^m160. Largeur : 0^m095.

Le Christ vu à mi-corps et de face, sortant du tombeau, accompagné de la Vierge et de saint Jean. Derrière le Christ on aperçoit la croix et la cou-

ronne d'épines. Sur le soubassement l'inscription :
PAX.VOBIS. Encadrement formé de deux pilastres ornés de bouquets de fruits supportant un
fronton triangulaire terminé par une feuille frisée.
Dans le tympan, un ange vu à mi-corps, de face et
les ailes déployées. Poignée en forme d'S.

Travail du nord de l'Italie; fin du xve siècle.

349. *Baiser de paix en bronze doré et en argent.*

Hauteur : 0m170. Largeur : 0m115.

Sous une arcade en anse de panier, surmontée de
deux dauphins et supportée par deux pilastres cannelés, est placée une plaque d'argent repoussé, représentant la Vierge vue à mi-corps et tenant l'enfant Jésus. Le soubassement de ce petit monument
repose sur trois boules. Anse repliée en forme de
volute.

Travail espagnol; commencement du xvie siècle.

350. *Baiser de paix en cuivre, en partie doré et émaillé.*

Hauteur : 0m135. Largeur : 0m100.

Au centre, la Vierge assise, tenant sur ses genoux
le Christ mort; ce groupe est rapporté sur le fond.
L'encadrement est formé de deux pinacles de style
gothique, accompagnés d'une sorte de galerie à jour
de style moitié gothique, moitié Renaissance. La
robe de la Vierge et divers détails d'architecture
sont recouverts d'émail bleu opaque.

Travail espagnol; commencement du xvie siècle.

22

351. *Baiser de paix en cuivre doré, avec ornement d'argent.*

Largeur : 0ᵐ085. Hauteur : 0ᵐ135.

Il est de forme cintrée par le haut et bordé d'une moulure décorée d'un rang de feuilles d'eau. Sur un fond guilloché, où sont représentés la croix et les fouets de la flagellation, est rapporté un Christ en argent, en relief, vu à mi-corps et sortant du tombeau. Poignée en forme d'S.

Italie ; xviᵉ siècle.

352. *Baiser de paix en cuivre doré et émaillé.*

Hauteur : 0ᵐ145. Largeur : 0ᵐ110.

Au centre, la Vierge glorieuse, vue à mi-corps, nimbée, entourée de rayons et tenant l'enfant Jésus dans ses bras. Encadrement d'architecture formé par deux pilastres soutenant un fronton semi-circulaire, flanqué de deux ornements de même forme. Dans le tympan, un Christ en croix se détachant sur un fond papelonné. Émaux blanc, bleu lapis, rouge et vert translucide. Poignée en forme de volute. ·

Travail espagnol ; xviᵉ siècle.

353. *Monture d'un baiser de paix.*

Bronze.

Hauteur : 0ᵐ145. Largeur : 0ᵐ100.

Elle se compose d'un entablement supporté par

deux pilastres richement ornés de sculptures en forme de candélabres; une volute feuillagée forme la poignée.

Italie ; xve siècle.

354. *Monture d'un baiser de paix.*

Bronze fondu, ciselé et doré.

Hauteur : 0m170. Largeur : 0m132.

Elle se compose d'un soubassement orné de coquilles et de rinceaux, et de deux pilastres décorés de feuillages supportant un entablement et un fronton triangulaire.

Travail italien ; fin du xve siècle.

355. *La Vierge et l'Enfant Jésus.*

Planche de cuivre gravée.

Hauteur : 0m155. Largeur : 0m118.

La Vierge assise à terre, de trois quarts à gauche, couronnée et nimbée, les cheveux épars, tient un livre ouvert; elle est vêtue d'une robe à taille courte et d'un long manteau dont les plis s'étalent autour d'elle. Au second plan, à gauche, on voit l'enfant Jésus, nimbé, vêtu d'une robe longue, qui joue avec un petit chien.

Le revers, gravé également, représente une baie fermée par des vantaux de bois.

École flamande ou espagnole; fin du xve siècle.

N° 355 du Catalogue.

356. *Montre en cuivre doré et en argent.*

Hauteur : 0m055.

Elle est de forme polylobée et à verre ovale; le cadran est en argent guilloché. Boîtier orné de rinceaux ciselés, dont la tranche est recouverte d'une frise d'argent estampée: signée : *A. Fremin*.

Travail français; xviie siècle.

357. *Montre en argent doré à cadran émaillé.*

Hauteur : 0m046. Largeur : 0m030.

Boîtier uni, de forme ovale. Double cadran émaillé indiquant les heures, les mois, les saisons, l'âge de la lune, etc.; fleurettes bleu, rouge et vert sur fond blanc. Signé : *Michel Cuper, à Blois*.

Travail français; xviie siècle.

358. *Étui de sablier en cuivre gravé et doré.*

Hauteur . 0m075.

De forme cylindrique et composé de deux parties rentrant l'une dans l'autre, il est couvert de feuillages et d'arabesques gravés, et terminé à chacune de ses extrémités par un cadran dont un soleil forme les aiguilles.

Italie; xvie siècle.

359. *Podomètre en cuivre doré et gravé.*

Diamètre : 0m080.

Sur la plaque antérieure qui sert de cadran, on voit un paysage de fabriques et deux personnages, précédés d'un chien ; sur le bord sont gravés les chiffres des distances que deux aiguilles doivent marquer. Au revers, deux crochets de suspension.

Travail allemand ; xviie siècle.

360. *Deux Chandeliers en bronze gravé.*

Hauteur : 0m200.

Ces chandeliers, imitation des bronzes gravés orientaux, se composent d'une base en forme de cône tronqué, surmontée d'une large plate-forme sur laquelle se dresse la tige et la bobèche. Ils sont couverts de rinceaux et de fleurettes gravés. Sur le pied sont réservés deux médaillons circulaires. Sur l'un des chandeliers, un de ces médaillons offre des armoiries gravées : de... à trois quintefeuilles de... posées deux et un, au chef de...

Venise ; fin du xve siècle.

361. *Chandelier en bronze.*

Hauteur : 0m190.

La tige est en forme de trépied, ornée de crochets et de motifs d'ornements de style gothique ; elle est surmontée d'une couronne d'où émerge la bobèche.

Travail flamand ; xve siècle.

362. *Deux Chandeliers d'autel en cuivre doré.*

Hauteur : 0ᵐ420.

Le pied, de forme triangulaire, repose sur trois griffes de lion. Sur chacune de ses faces est représenté, en bas-relief, un écusson accosté de deux petits génies. La tige est en forme de balustre, en partie godronnée, et ornée de feuillages ; bobèche en forme de calotte hémisphérique renversée ; bobèchon cylindrique, monté sur un petit balustre.

Ces chandeliers sont repoussés, ciselés et dorés ; quelques ornements, comme les godrons et les côtes des feuilles, sont en argent et rapportés.

Espagne ; xvɪᵉ siècle.

363. *Aquamanile en forme de griffon.*

Hauteur : 0ᵐ350. Largeur : 0ᵐ320.

Ce griffon porte sur les quatre pattes : les deux pattes de devant sont des pattes d'oiseau ; les pattes de derrière des griffes de lion. Deux grandes ailes mobiles sont fixées à ses épaules. La queue, repliée, forme l'anse. On a ajouté à la partie antérieure, pour transformer ce vase en fontaine, un robinet surmonté d'un oiseau.

Dinanderie flamande du xɪɪɪᵉ ou du xɪvᵉ siècle.

364. *Aiguière en laiton.*

Hauteur : 0ᵐ245.

La panse est piriforme et montée sur un pied cylindrique muni d'un large rebord formant patte.

L'anse est en volute, ornée d'une fleur guillochée;
le goulot représente un lion accroupi. Le couvercle
est moderne.

Travail flamand ; xve siècle.

365. *Grand Hanap en argent doré.*

Hauteur : 0^m330.

Le vase est de forme conique renversée, un autre
cône, surmonté d'un bouton piriforme, formant le
couvercle. Le pied, le couvercle et la panse du vase
ont subi un travail de martelage reproduisant à peu
près des nids d'abeilles.

Sur le bord du couvercle, trois poinçons : NO...;
O... PA (?) et un G couronné (?).

Travail allemand ; fin du xve siècle.

366. *Coupe en cuivre repoussé, ciselé et doré.*

Hauteur : 0^m152. Diamètre : 0^m200.

Le pied, en forme de balustre, est décoré d'ornements gravés consistant en imbrications et en arabesques, et d'ornements en reliefs, coquilles et
pointes de diamant. La coupe, godronnée sur ses
bords, porte sur l'ombilic les figures de Vénus et
de l'Amour, ciselées en bas-relief. Deux frises concentriques entourent l'ombilic. L'artiste y a représenté, gravés au trait sur un fond pointillé, divers
animaux : un lion, un sanglier, un ours, un éléphant

combattant un rhinocéros, un griffon attaquant une licorne, un lion déchirant un renard, un taureau combattant un ours.

Espagne; xvie siècle.

367. *Reliquaire en cuivre doré orné d'un cristal de roche cabochon.*

Hauteur : 0m145.

Le reliquaire lui-même est de forme ovoïde, et est monté sur une tige interrompue par un nœud hémisphérique et terminé par une patte circulaire. Sous le cristal de roche se trouve un petit morceau de parchemin sur lequel on lit, écrit en rouge : « *De sepulchro domini nostri Jhesu Christi, de veste beate Marie Magdalene, de beate Katherine veste, reliquie Sancti Nicolai.* » L'écriture est du xive siècle. Les reliques disposées sous le parchemin sont contenues dans deux petits sachets de soie jaune et de soie rouge.

France; xive siècle.

368. *Petite custode en argent estampé et doré.*

Hauteur (avec la croix) : 0m150. Longueur : 0m100. Largeur : 0m050.

Elle est de forme allongée et à six pans; le couvercle, de forme conique et bordé d'un ornement découpé, est surmonté d'une croix. Sur les côtés de la custode on lit, en caractères gothiques, l'inscription : ABE (pour *Ave*) SANTISIMA. L'inscription

O BONE IESV, gravée sur le couvercle, est une addition postérieure, du xviie siècle vraisemblablement.

Espagne; commencement du xvie siècle.

369. *Reliquaire en cuivre doré en forme d'ostensoir.*

Hauteur : 0m350.

Le reliquaire affecte la forme d'un édifice ajouré à six pans, flanqué de contreforts de style gothique. Le toit, de forme conique et muni de crochets sur ses arêtes, est orné de dauphins, de rinceaux et de vases de fleurs estampés. La tige, décorée d'ornements en forme de volute, est munie d'un gros nœud méplat, godronné; la patte, également godronnée, est à huit lobes ornés de feuillages et de vases estampés. Deux petites feuilles, frappées au moyen d'un poinçon sur le bord du pied, semblent être une marque d'orfèvre.

Espagne; commencement du xvie siècle.

370. *Couronne de Vierge en cuivre doré.*

Diamètre : 0m200. Hauteur : 0m220.

Elle se compose d'un large bandeau sur lequel prennent naissance des feuilles élancées et découpées à jour, telles qu'on en rencontre dans l'ornementation de l'architecture gothique de cette époque.

Espagne; fin du xve siècle.

371. Pei. Coffret en cuivre portant des traces de dorure.

Hauteur : 0m085. Longueur : 0m180. Largeur : 0m070.

Rectangulaire, son couvercle est en forme de toit à quatre rempants, plat à la partie supérieure et muni d'une poignée. Le coffre est muni de frettes garnies de clous et d'une petite serrure dans laquelle s'engage un moraillon. Sur les faces est gravée une inscription en grandes lettres capitales gothiques : FR NI AN SE OR PE ; que l'on peut lire : *Fratris Nicolai Anse ordinis predicatorum*.

Commencement du xvᵉ siècle.

372. Peigne en bronze doré.

Hauteur : 0m170. Largeur : 0m090.

La clémence de Trajan. Sur l'une des faces on voit des gens de guerre à cheval ; l'un d'eux, sans doute l'empereur, va fouler aux pieds un petit enfant qu'une femme vient de laisser tomber à terre. Aux extrémités, des dauphins affrontés soutenant un vase. — Sur l'autre face on voit Trajan, à cheval, entouré de guerriers : une femme agenouillée semble implorer sa justice ; vers la gauche, un soldat s'apprête à trancher la tête d'un homme également agenouillé et les yeux bandés. Aux extrémités, sur des piédestaux soutenus par des dauphins enlacés, un fifre et un tambour. Ce bronze est surmoulé sur un peigne en ivoire.

Travail allemand ; commencement du xvⁱᵉ siècle

373. *Trousse de chirurgie.*

Acier et bronze doré et gravé.

Longueur (ouverte) : 0m185. Longueur (fermée) : 0m103.

Elle se compose de quatre lames en forme de ciseau, d'un poinçon, d'un crochet et d'une lame pointue et tranchante, montés sur un même axe et rentrant dans un manche formé de deux parties triangulaires, très allongées. Ce manche est gravé et guilloché et porte sur chaque face une banderole sur laquelle on lit : PER SOFERIR — S'AQVISTA. Sur chaque face on voit également un écusson gravé de... aux trois dauphins surmontés d'un lambel : ces armoiries paraissent être celles de la famille Pandolfini de Florence. Chacune des lames porte comme marque un clou à tête pointue surmonté d'un point.

Travail italien; xvie siècle.

374. *Sifflet en argent en partie doré.*

Hauteur : 0m215. Largeur : 0m075.

Il est en forme de lion debout et couronné, accompagné de cinq grelots. La double chaîne de suspension est composée de chaînons plats et repercés à jour.

Venise; xvie siècle.

375. *Sifflet en argent estampé.*

Hauteur : 0m200. Largeur : 0m085.

Il est en forme de cheval marin, suspendu à une double chaîne et muni de quatre grelots.

Venise, xvie ou xviie siècle.

GEMMES

GEMMES

376. *Coupe.*

Jaspe rouge antique.

Hauteur : 0m07. Diamètre : 0m21.

On lit sur la panse ces lettres gravées : LAV.
R. MED. Cette pièce a fait partie au xve siècle de la
collection de Laurent de Médicis. Elle a été achetée
à Bologne.

Elle est dessinée et gravée dans les *Précurseurs de la Re-*
naissance de M. E. Müntz, p. 192, et décrite par le même auteur
dans la *Revue archéologique*, 1880, tome II, p. 257. Cf. également *Gazette des Beaux-Arts*, tome X, 2me période, août 1874,
p. 135.

377. *Coupe.*

Jaspe fleuri de Sicile.

Hauteur : 0m07. Diamètre : 0m20.

On lit sur la panse : LAV. R. MED.
Même provenance et mêmes références que pour
la pièce précédente.

378. *Petite aiguière en agate, montée en argent doré.*

Hauteur : 0m053.

Montée sur un pied à cinq lobes, la panse, de forme ovoïde, est munie d'une anse recourbée en volute et d'un couvercle hémisphérique terminé par un bouton.

Fin du xvᵉ siècle.

379. *Petit flacon ou reliquaire en cristal de roche, monté en argent doré.*

Hauteur : 0m10.

Le flacon, de forme cylindrique, est orné sur ses côtés de feuillages en relief; pied et couvercle conique, en argent doré, bordés d'un rang de feuilles.

Le cristal de roche paraît être plus ancien que la monture.

Italie; xivᵉ siècle.

380. *Charles-Quint. Camée.*

Hauteur : 0m026. Largeur : 0m020.

Sardoine.

L'empereur est représenté en buste de profil à gauche, tête nue, les cheveux courts, le cou entouré d'une fraise, cuirassé. Ce camée est entouré d'un cercle d'or de travail moderne.

Travail italien; xviᵉ siècle.

FERS

FERS

381. *Grille en fer forgé et doré.*

Hauteur : 1m240. Largeur : 1m080.

Elle se compose de cinq baies d'architecture gothique flamboyante, séparées par des contreforts surmontés de pinacles ornés de crochets et munis de gargouilles. Le bas de la grille est garni d'une frise d'ornement composée de feuillages découpés, interrompue de distance en distance par des tourelles surmontées d'un toit pointu. Une autre frise, où l'on voit des oiseaux affrontés séparés par des fleurs, orne la partie supérieure de la grille. Cette dernière frise est rapportée.

Gravé dans *Les Arts décoratifs en Espagne*, par le baron Charles Davillier, p. 27.

Travail espagnol; fin du xve siècle.

Nº 381 du Catalogue.

382. *Rondache en fer repoussé et damasquiné d'or et d'argent.*

Diamètre : 0m560.

Vénus et Adonis. A gauche, on voit le jeune chasseur assis, un épieu à la main, entouré de ses chiens ; à droite, Vénus se dirige vers lui, tandis que l'Amour décoche une flèche à Adonis. Fond de paysage et d'architecture. Bordure ornée de mascarons et de génies courant dans des feuillages.
Provient de Valence.

Travail italien ou allemand ; xvie siècle.

383. *Épée à deux tranchants.*

Longueur de la poignée : 0m152. Longueur de la lame : 0m760.

La poignée, de bronze ciselé et doré, se compose d'un large pommeau méplat orné sur ses faces d'une palmette ; la fusée est également ornée de palmettes et d'entrelacs de feuillages. Les quillons sont en acier. La lame porte au .milieu une large rainure et deux marques : ⁙ et ᛝ

Travail italien ; fin du xve siècle.

384. *Épée.*

Longueur de la poignée : 0m20. Longueur de la lame : 1m010.

Poignée damasquinée d'argent ; pommeau en forme de champignon ; branches, doubles gardes ; quillons droits. Sur la lame on lit : ∴ MARIA · CONCEBIDA · SIN · PECADO · ORIGINAL ∴

Travail espagnol ; xvie siècle.

385. *Épée.*

Longueur de la poignée : 0m225. Longueur de la lame : 1m100.

Poignée damasquinée d'argent; pommeau en forme de champignon; branches, doubles gardes; quillons droits. Sur chaque côté de la lame, la marque : то, sous une croix, et les mots : SANTE IOANES.

Travail espagnol; xvıe siècle.

386. *Clef.*

Fer ciselé.

Longueur : 0m115.

La tige, forée en forme de cœur, est terminée par un museau dentelé. L'anneau, composé de deux dauphins affrontés et deux mufles de lions adossés, repose sur un chapiteau corinthien.

Travail italien; xvıe siècle.

387. *Clef.*

Fer et bronze.

Longueur : 0m085.

La tige, de forme cylindrique, est terminée par un museau dentelé; l'anneau en bronze, de forme ovale, se raccorde à la tige par un chapiteau carré, strié sur ses faces.

xve siècle.

388. *Clef en fer damasquiné d'argent.*

Longueur : 0ᵐ105.

L'anneau, de forme aplatie, est en argent et percé
d'un trou; la tige et le panneton, découpé en forme
de peigne, sont couverts d'incrustations d'argent
produisant des lignes croisées et recroisées.

Travail espagnol, dans le genre morisque;
xvıᵉ siècle.

389. *Empereur romain.*

Plaque en fer repoussé, damasquiné d'or.

Diamètre : 0ᵐ04.

Vu en buste et de profil à droite, lauré, fond semé
de pampres d'or entrelacés.

Provient de la collection Fortuny (nᵒ 77 du *Catalogue* de la vente).

Travail italien; xvıᵉ siècle.

ÉMAUX PEINTS

ÉMAUX PEINTS

390. *La Présentation au Temple.*

Plaque rectangulaire.

Hauteur : 0m06, Largeur : 0m05.

En avant d'un autel surmonté d'un retable décoré d'une croix, la Vierge, nimbée, s'apprête à saisir dans ses bras l'enfant Jésus que lui rend Siméon. Le vieillard, nimbé, soutient de ses deux mains le Christ nu. Celui-ci, nimbé également, mais d'un nimbe crucifère, tend ses deux bras vers sa mère. La Vierge porte une robe rouge brun et un manteau bleu dessiné par des traits et des touches de grisaille. Elle est accompagnée d'une suivante à robe bleue et manteau rouge, tenant dans ses mains les deux colombes de l'offrande. Siméon porte une aube, peinte en grisaille, par-dessus une longue robe rouge. Derrière Siméon, un acolyte, vêtu d'une robe bleue et d'une calotte rouge.

Fond bleu translucide; quelques traits d'or; carnations en grisaille. Revers chargé d'un grossier émail de couleur verdâtre. La plaque est insérée dans une petite bordure d'argent.

Travail du nord de l'Italie; fin du xve siècle ou commencement du xvie.

391. *La Vierge et l'Enfant Jésus.*

Plaque rectangulaire cintrée vers le haut.

Hauteur : 0m085. Largeur : 0m050.

La Vierge, nimbée et tournée de trois quarts à gauche, est assise sur un siège à dossier très élevé. Elle est vêtue, par-dessus sa robe, d'un manteau dont un pan couvre sa tête. De ses deux mains elle maintient en équilibre, sur son genou droit, l'enfant Jésus. Celui-ci, entièrement nu, s'appuie du bras gauche sur l'épaule de sa mère. Sur le devant de l'estrade portant le siège de la madone, on lit : AVE MARIA GRATIA. Toute la composition est dessinée à l'aide de traits d'or sur un fond bleu opaque. L'enfant Jésus et les carnations de la Vierge sont seuls peints en grisaille. Cette pièce d'émaillerie vient probablement d'une paix.

Travail italien; fin du xve siècle ou commencement du xvie.

392. *Le Couronnement de la Vierge.*

Plaque rectangulaire légèrement bombée.

Hauteur : 0m06. Largeur : 0m05.

La Vierge, nimbée, vue de face, est agenouillée en avant d'une estrade. Elle porte une robe rouge-brun et un manteau bleu dessiné et touché d'un ton de

grisaille. Derrière elle, Dieu le Père tenant un sceptre,
et Jésus-Christ, la croix dans la main gauche, suspendant au-dessus de sa tête une couronne d'or.
Au-dessus, plane le Saint-Esprit sous la forme d'une
colombe. Le Père et le Fils sont vêtus d'une robe
rouge-brun opaque, et d'un manteau bleu translucide. Sur le rouge opaque, le dessin est obtenu
par des traits d'or; sur le bleu, par des traits de
grisaille. Les carnations sont en grisaille.

Fond bleu translucide, semé d'étoiles d'or dans le
ciel.

Travail du nord de l'Italie; fin du xve siècle ou
commencement du xvie.

393. *La Vierge et l'Enfant Jésus.*

Plaque circulaire.

Diamètre : 0^m04.

La Vierge, peinte en grisaille, est vue à mi-corps
et tournée de trois quarts vers la gauche. Nimbée,
les cheveux épars sur les épaules, vêtue d'une robe
rouge-brun et d'un manteau bleu dessiné par des
traits en grisaille, elle porte sur ses genoux l'enfant
Jésus. Traits d'or dans les cheveux et sur la robe de
la Vierge. Fond bleu opaque. Cette plaque, qui est
très détériorée, provient d'une pièce d'orfèvrerie.

Travail italien; fin du xve siècle ou commen-
cement du xvie.

394. *Saint Antoine.*

Plaque circulaire.

Diamètre : 0^m04.

Le saint, nimbé, tourné de trois quarts vers la
gauche et vu à mi-corps, est peint en grisaille. Vêtu

d'une robe bleue doublée de rouge-brun, il porte de la main gauche un livre et tient, de la droite, une crosse à laquelle une sonnette est suspendue. Quelques traits d'or. Fond bleu opaque. Cette plaque provient d'une pièce d'orfèvrerie dans laquelle elle a dû être sertie.

> Travail italien; fin du xvᵉ siècle ou commencement du xviᵉ.

395. *Saint Sébastien.*

Plaque circulaire.

Diamètre : 0ᵐ04.

Le saint, nimbé, vu à mi-corps, de face, et la tête inclinée à droite, est peint en grisaille. Les flèches dont il est percé sont de couleur brun-rouge. Quelques traits d'or. Fond bleu opaque. L'émail a beaucoup souffert. Cette plaque provient de la décoration d'une pièce d'orfèvrerie.

> Travail italien; fin du xvᵉ siècle ou commencement du xviᵉ.

396. *Saint Barthélemy.*

Plaque circulaire.

Diamètre : 0ᵐ04.

Le saint, vu à mi-corps, nimbé et tourné de trois quarts vers la droite, est peint en grisaille. Il porte une robe bleue, un manteau gris doublé de brun-rouge. Un livre brun-rouge est placé sous son bras droit, et il tient, de la main gauche, le coutelas, instrument de son supplice.

Fond bleu opaque. Cette plaque a dû être destinée à décorer une pièce d'orfèvrerie.

Travail italien; fin du xve siècle ou commencement du xvie.

397. *Saint Sébastien et saint Jérôme.*

Plaques circulaires enchâssées dans un médaillon d'argent.

Diamètre : 0^m03. Diamètre total du médaillon : 0^m04.

Saint Sébastien, peint en grisaille, est nimbé. Attaché à un tronc d'arbre, il se détache sur un fond bleu opaque. Terrain vert. On lit autour cette légende : SANCTE SEBASTIANE.

Au revers, saint Jérôme, peint en grisaille, le haut du torse découvert, est agenouillé dans l'attitude d'un pénitent et tourné vers la gauche. Son lion familier est couché à côté de lui. Fond noir et terrain vert.

L'encadrement du médaillon, qui est d'argent, est formé d'une torsade et muni d'une belière.

Travail italien; fin du xve siècle ou commencement du xvie.

398. *Le Christ pleuré par les anges.*

Plaque rectangulaire.

Hauteur : 0^m090. Largeur : 0^m065.

Le Christ est soutenu sur le bord du sépulcre par deux anges, dont l'un paraît suffoqué de douleur. Derrière la scène, la croix chargée de l'inscription : INRY. Tons employés : grisaille, bleu foncé, couleur tannée et traits d'or; fond bleu très foncé semé d'étoiles d'or.

Cette plaque d'émail est insérée dans une bordure de cuivre doré et, avec son encadrement, forme une paix. Le cadre se compose de deux colonnes cannelées supportant une frise décorée de trois têtes de chérubins; au-dessus, un fronton orné de deux consoles renversées et d'un mascaron. Hauteur totale : 0ᵐ16; largeur : 0ᵐ17.

Travail italien; xvie siècle.

399. *La Mise au tombeau.*

Plaque rectangulaire arrondie par le haut.

Hauteur : 0ᵐ080. Largeur : 0ᵐ045.

Le Christ, en avant de la croix, dont il vient d'être détaché, est soutenu sur le bord du sépulcre par la Vierge et par saint Jean agenouillés. La Vierge, nimbée d'or, est vêtue d'un simple manteau bleu translucide dessiné en grisaille. Saint Jean, nimbé, ses longs cheveux répandus sur les épaules, porte une robe bleue translucide et un manteau rouge violacé. Le bois de la croix et les cheveux de saint Jean sont de couleur orangé. Les carnations sont rendues par un émail rouge-violacé recouvert de grisaille. Le terrain et les arbres sont figurés à l'aide d'émail vert touché d'or. Au-dessous du sujet, frise de feuilles et de fleurs composée des mêmes émaux.

La plaque est insérée dans une monture de cuivre doré décorée d'un jonc entouré de lianes. Elle est terminée par une palmette et portée par trois boules.

L'ensemble de cette pièce forme une paix munie d'une poignée en forme de console. Acquise à Florence.

> Gravé dans la *Notice* de M. Eudel sur le baron Davillier, p. 48.

> Travail italien ; fin du xve siècle.

400. *Saint Jacques.*

Plaque rectangulaire.

Hauteur : 0m09. Largeur : 0m05.

Le saint, nimbé et tenant à la main son bourdon de pèlerin, s'avance vers la gauche, tourné de trois quarts. Il porte une robe d'un ton brun relevé de traits d'or. Carnations en grisaille. Fond bleu opaque.

> Travail italien ; fin du xve siècle ou premières années du xvie.

401. *Le Calvaire.*

Triptyque composé de trois plaques d'émail réunies par une monture de cuivre doré.

Plaque du milieu. Hauteur : 0m19. Largeur : 0m17.

Le Christ, qui vient d'être abreuvé de fiel et de vinaigre et de recevoir le coup de lance de Longin, est exposé sur la croix entre les deux larrons. A gauche, la Vierge, saint Jean et la Madeleine, debout, assistent à l'agonie du Sauveur. A droite, un groupe de soldats romains, dont deux à cheval. Dans le fond du paysage, Jérusalem. Le ciel bleu lapis est semé d'étoiles d'or.

Volet de gauche. — Haut. 0m19. Larg. 0m07. —

26

Sous un dais d'architecture, le Christ, dépouillé de ses vêtements, est attaché à la colonne et torturé par quatre bourreaux.

Volet de droite. — Mêmes dimensions. — Sous un dais d'architecture, le Christ, détaché de la croix, près de laquelle sont figurés les instruments de la Passion, est soutenu sur le bord du tombeau par un ange, tandis que saint Jean secourt la Vierge évanouie et enlève la couronne d'épines au front du Sauveur. Ce triptyque a été acheté à Madrid.

> Travail français; école de Nardon Pénicaud;
> commencement du xvie siècle.

402. *Le Festin d'Hérode.*

Plaque rectangulaire cintrée par le haut.

Hauteur : 0m09. Largeur : 0m70.

Sous un dais d'architecture, Hérode, costumé selon la mode de la Renaissance, est assis devant une table couverte d'une nappe blanche sur laquelle est posée dans un plat la tête de saint Jean-Baptiste. A côté de lui, Hérodiade. On lit, sur le fond, en lettres d'or : HERODE. Fond bleu semé d'étoiles d'or.

> Travail français; école de Nardon Pénicaud;
> commencement du xvie siècle.

403. *Penthésilée.*

Plaque en forme de losange.

Hauteur : 0m195. Largeur : 0m170.

La reine des Amazones est représentée en buste, de profil, et tournée vers la droite. Ses cheveux,

libres et frisés sur le devant de la tête, sont rattachés
par derrière à l'aide de rubans dont les extrémités
flottent au vent. Elle porte une couronne de laurier.
Le torse est couvert d'une cuirasse décorée de rinceaux par devant et d'écailles sur les épaules. Cette
cuirasse laisse apparaître le haut d'une chemisette
finement plissée. On lit, à droite, en lettres d'or :
PANTASILE.

Grisaille légèrement colorée dans les carnations ;
traits d'or ; fond noir.

Travail français ; école de Léonard Limosin ;
milieu du xvie siècle.

404. *Hélène.*

Plaque en forme de losange.

Hauteur 0^m195. Largeur : 0^m170.

La femme de Ménélas est représentée en buste,
de profil à gauche, la tête ceinte d'une couronne de
laurier et coiffée d'une sorte de turban de couleur
bleue. Elle est vêtue d'une robe bleue sur laquelle
drape un manteau de couleur jaune. On lit, à
gauche, en lettres d'or : HELENE.

Grisaille légèrement colorée dans les carnations ;
traits d'or ; fond noir.

Travail français ; école de Léonard Limosin ;
milieu du xvie siècle.

405. *Samson et Dalila.*

Plaque rectangulaire.

Hauteur : 0^m08. Largeur : 0^m13.

Au milieu d'un paysage, Dalila, assise sur le sol,

coupe les cheveux de Samson, endormi sur ses genoux et vêtu comme un soldat romain. A droite, dans le lointain, Samson porte les portes de Gaza; à gauche, il est entraîné captif par les Philistins. Grisaille sur fond noir. Quelques traits d'or. Signé à droite : I P. Revers incolore.

Monture très légère en cuivre doré avec belière en forme de coquille.

Œuvre de Jean II Pénicaud.

406. *Arrivée de la* Santa Casa *à Lorette.*

Plaque rectangulaire.

Hauteur : 0m08. Largeur : 0m12.

Sur une colline, située au bord de la mer et animée par la présence d'une licorne, d'un cerf, d'une biche, de deux lapins et de cinq papillons, trois anges déposent la maison de la Vierge, au-dessus de laquelle Marie, portant l'enfant Jésus, se montre entourée de six anges. A gauche, dans un nuage, Dieu le Père apparaît tenant la boule du monde et bénissant. Dans le fond du paysage, d'un côté, un assassinat au milieu d'un bois; de l'autre, un vaisseau naviguant sur la mer.

Grisaille sur fond noir; traits et touches d'or. Signé : I P. vers la droite. Revers incolore.

Œuvre de Jean II Pénicaud.

407. *Combat.*

Plaque rectangulaire.

Hauteur : 0m08. Largeur : 0m13.

En avant d'une ville, un général, qui a mis pied à terre et s'est adossé à un bouquet d'arbres, excite ses cavaliers à poursuivre l'ennemi, fuyant vers la gauche. Costumes antiques. Grisaille sur fond noir; traits et touches d'or. Signé en bas, à droite : I P.

Monture très légère de cuivre doré; la belière affecte la forme d'une coquille.

Œuvre de Jean II Pénicaud.

408. *Vierge douloureuse.*

Plaque rectangulaire.

Hauteur : 0m125. Largeur : 0m100.

La Vierge, vue à mi-corps, nimbée d'un cercle d'or, la tête couverte d'un voile blanc et vêtue, par-dessus sa robe, d'un ample manteau bleu, est tournée de trois quarts vers la droite, les mains jointes, dans l'attitude de la *Mater dolorosa*. En haut et de chaque côté, encadrement d'arabesques d'or. Fond noir.

Travail français et limousin; école des Laudin; xviie siècle.

409. *Le Christ couronné d'épines.*

Plaque rectangulaire.

Hauteur : 0m125. Largeur : 0m100.

Le Christ, vu à mi-corps, couronné d'épines, nimbé de rayons d'or, est exposé aux insultes du peuple, vêtu du manteau de pourpre et les mains liées. En haut et de chaque côté de la plaque, enca-drement d'arabesques. Fond noir.

Travail français et limousin; école des Laudin; xviie siècle.

FAÏENCES

FAÏENCES ORIENTALES

410. *Grand plat creux.*

Diamètre : 0ᵐ380.

Fond blanc, décor d'œillets et de grosses fleurs
bleu lapis et bleu turquoise. Bordure de fleurettes,
bord découpé. Au revers, sous le bord, des fleurettes
bleu lapis et bleu turquoise.

Perse.

411. *Grand plat.*

Diamètre : 0ᵐ52.

Au centre, on voit des constructions de style
chinois et trois personnages costumés également à
la chinoise; au premier et au second plan, deux
chevaux; au fond, des arbres et des oiseaux. Le
bord est divisé en compartiments ornés de fleurs
et de dessins symétriques. Fond blanc, décor bleu;

bord découpé. Au revers, sous le bord, des fleurs bleues, et au centre l'imitation d'une marque chinoise.

Faïence persane; imitation des porcelaines de Chine.

412. *Grand plat creux.*

Diamètre : 0m400.

Fond blanc; au centre, feuillages et rosaces disposées symétriquement, en bleu, rouge et vert clair; au marli, feuillages bleus; sur le bord, des spirales en noir et blanc sur fond bleu ou sur fond blanc cerné de bleu.

Au revers, des cercles noirs concentriques, des feuilles et des fleurs teintées de bleu et de vert.

Perse.

413. *Grand plat creux.*

Diamètre : 0m300.

Fond blanc; grosses fleurs et feuillages vert sombre et bleu; sur le bord, des fleurettes de mêmes teintes. Bord découpé.

Au revers, sous le bord, fleurs bleu foncé et bleu clair.

Perse.

414. *Petite tasse.*

Hauteur : 0m043. Diamètre : 0m075.

Fond bleu extérieurement; feuillages entrelacés et bordure en rouge à reflets métalliques peu in-

tenses; à l'intérieur, fond blanc; tiges de fleurs,
arabesques et rosaces en jaune à reflets métalliques.

Perse.

415. *Petite tasse.*

Hauteur : 0m043, Diamètre : 0m065.

Fond blanc. Décor de fleurons dessinés en rouge
à reflets métalliques, lavés de jaune; à l'intérieur,
cinq rosaces de mêmes couleurs.

Perse.

416. *Petite tasse.*

Hauteur : 0m038, Diamètre : 0m065.

Fond bleu extérieurement : décor de chevrons en
rouge à reflets métalliques peu intenses. A l'intérieur, fond blanc; tige de fleur trilobée et bordure
en rouge à reflets métalliques.

Perse.

417. *Vase à couvercle.*

Hauteur : 0m210, Diamètre : 0m170.

Il est de forme hémisphérique légèrement aplatie
et resserrée vers son orifice. Le pied est bas et le
couvercle hémisphérique est surmonté d'un bouton
aplati. Décor de feuillages formant des compartiments remplis d'imbrications. Dessin en noir; tons
bleus, vert clair et rouge.

Perse.

418. *Petite tasse.*

Hauteur : 0m040. Diamètre : 0m070.

Fond blanc. Décor de feuillages en brun à reflets métalliques peu intenses. A l'intérieur, une rosace et une bordure chevronnée.

Perse.

419. *Bouteille à panse aplatie.*

Hauteur : 0m288.

La panse est en forme de disque à centre concave. Col étroit muni d'un bourrelet à sa partie médiane, à orifice largement ouvert. Pied bas. Décor d'arabesques et d'animaux, en bleu sur fond blanc, imitant l'ornementation des porcelaines de Chine.

Sous le pied, une marque en bleu imitant grossièrement des caractères chinois.

Perse.

420. *Vase.*

Hauteur : 0m380.

Décor à compartiments formés par des feuillages encadrant de grosses fleurs. Fond blanc, décor bleu.

Perse.

421. *Vase à anse.*

Hauteur : 0m223.

Forme cylindrique, anse de forme carrée. Email vert clair avec dessins en or appliqué à froid, représentant deux lions affrontés, deux chiens, des oiseaux, des fleurs et des feuillages.

Perse.

422. *Vase.*

Hauteur : 0m060.

Il est de forme hémisphérique aplatie. Sur un fond d'émail blanc sont tracés des feuillages et des fleurs en rouge à reflets métalliques peu intenses.

Perse.

423. *Flacon à goulot garni d'argent estampé.*

Hauteur : 0m085.

Il est de forme élevée et octogone. Fond blanc : sur deux de ses faces, un personnage debout, vêtu d'une robe, coiffé d'un turban et portant un instrument de musique. Sur les autres faces, des feuillages et des arbres. Décor dessiné en noir, lavé de bleu.

Perse.

424. *Bol.*

Hauteur : 0m083. Diamètre : 0m188

Fond bleu extérieurement. Décor de palmettes et fleurs à reflets métalliques peu intenses. A l'intérieur, sur un fond blanc, un paon et des fleurs traités de la même manière.

Perse.

425. *Flacon.*

Hauteur : 0m120.

Large panse sphérique aplatie surmontée d'une autre partie hémisphérique également aplatie ; goulot largement ouvert ; émail bleu.

Perse.

426. *Petite aiguière.*

Hauteur : 0m180.

Panse piriforme, placée sur un pied bas et circulaire; long goulot prenant naissance vers le milieu de la panse; anse en volute. Fond blanc; décor de fleurs dessinées en noir, teintées de bleu, rouge, jaune et violet.

Perse.

427. *Bol.*

Hauteur : 0m082. Diamètre : 0m185.

Fond bleu extérieurement; paons et feuillages dessinés en rouge à reflets métalliques peu intenses. A l'intérieur, sur un fond blanc, des feuillages traités de la même manière.

Perse.

428. *Flacon piriforme.*

Hauteur : 0m170.

La panse est de forme aplatie, à côtes en relief, décorée sur chacune de ses faces d'un renflement en forme de larme. Décor d'arabesques et de feuillages dessinés en noir, lavés en bleu. Sous le pied, une marque tracée en noir, composée de quatre traits se coupant et formant un signe ressemblant à un A.

Perse.

429. *Plat.*

Diamètre : 0ᵐ280.

Compartiments arabesques renfermant des bouquets de fleurs réservés en blanc sur fond rouge et sur fond bleu; sur le bord, fleurs bleues et rouges. Dessin en noir; tons bleu lapis, bleu turquoise et rouge. Au revers, des fleurettes bleues.

Perse.

430. *Plat creux.*

Diamètre : 0ᵐ205.

Fond orné d'un grand médaillon circulaire à fond bleu, à petites rosaces réservées, blanc et rouge. Marli orné de feuillages dentelés réservés en blanc sur fond vert, avec touche de rouge au centre; bord divisé en compartiments, avec ornements en spirales, blancs et noirs sur fond bleu. Dessin en noir.

Perse.

431. *Bouteille.*

Hauteur : 0m430.

Panse hémisphérique légèrement aplatie, sur laquelle prend naissance un col en forme de cône tronque, muni d'un nœud hémisphérique aplati et d'un goulot légèrement évasé. Fond blanc, dessin en noir figurant des médaillons arabesques alternant avec des fleurettes; même ornementation sur le goulot. Sur le col est tracée une ornementation à côtes. Tons bleu, rouge, vert.

Perse.

432. *Pièce de suspension en forme d'œuf.*

Hauteur : 0m09. Diamètre : 0m07.

Il est décoré de trois têtes de séraphins tracées en noir sur fond d'émail blanc, lavées de bleu, de jaune, cantonnées de croix recroisetées de couleur violette.

Perse.

433. *Vase.*

Diamètre : 0m230. Hauteur : 0m137.

De forme hémisphérique légèrement aplatie, il est monté sur un pied bas. Son ornementation se compose de compartiments arabesques, entrelacés de tiges de fleurs. Sur le pied, arabesques entrelacées. Fond blanc, dessin en noir, tons bleu lapis, rouge et vert clair.

Au fond du vase, un médaillon rond dans lequel se retrouvent les mêmes ornements que sur la panse.

Perse.

434. *Couvercle de vase.*

Diamètre : 0m230. Hauteur : 0m095.

Il est de forme hémisphérique aplatie; son ornementation se compose de quatre grosses fleurs encadrées de feuillages. Dessin en noir; tons bleu, vert et rouge. Bordure représentant une sorte de tresse, bleu, rouge et blanc. A l'intérieur, sous le bouton, qui a été refait, une rosace analogue à celles qui décorent l'extérieur.

Placé sur le vase n° 433.

Perse.

435. *Couvercle de vase.*

Diamètre : 0m195. Hauteur : 0m095.

Il est orné de compartiments arabesques dessinés en noir, teintés de rouge, bleu et vert avec parties réservées en blanc, alternant avec des tiges d'œillets, bleu et rouge. Bordure simulant une torsade, blanc, vert et bleu; bouton méplat orné de feuillages verts et d'une marguerite bleue.

Cette pièce a été très habilement complétée par un vase exécuté par M. Théodore Deck; on a reproduit sur sa panse les ornements du couvercle.

Perse.

436. *Vase de forme ovoïde.*

Hauteur : 0m090.

La panse est décorée de côtes en relief ornées de feuillages découpés de forme lancéolée, dessinés en bleu. Au-dessus règne une zône d'imbrications bleu lavé de bleu. Une branche de feuillages contourne le bord.

Sous le pied une marque, tracée en noir, composée de deux signes dont la forme se rapproche de la lettre C.

Perse.

437. *Plat creux.*

Diamètre : 0m27.

Décor composé de palmettes dont l'intérieur est rempli d'un ornement représentant des imbrications; fond également orné d'imbrications d'une autre couleur. Bord orné de cercles noir et bleu alternant avec des arabesques réservées en blanc.

Dessin en noir; teintes bleu lapis, vert d'eau et rouge.

Au revers, sous le marli, des fleurettes bleu lapis et vert d'eau.

Perse.

438. *Plat rond et creux.*

Diamètre : 0m28.

Autour d'une marguerite, occupant le centre du plat, sont disposés symétriquement des feuillages teintés de vert clair et de rouge, avec parties réservées en blanc. Fond bleu lapis.

Perse.

439. *Plaque de revêtement à décors en relief.*

Hauteur : 0m190. Largeur : 0m145.

Un cavalier, vêtu d'une longue robe, chaussé de bottes, coiffé d'un turban volumineux, un faucon sur le poing. Le cheval et le cavalier sont en relief. Fond semé de fleurs. Dessin en noir; tons bleu lapis, bleu turquoise et violet.

Perse.

440. *Plaque de revêtement de forme carrée.*

Hauteur : 0m255. Largeur : 0m255.

Elle est ornée d'un médaillon circulaire, dentelé sur ses bords, renfermant un pêcher à fleurs rouges et bleues, sur lequel est perché un faisan; fond blanc. Tout autour du médaillon, des arabesques sur fond rouge. Émaux rouge sombre, bleu lapis et vert clair.

Perse.

441. *Plaque de revêtement de forme carrée.*

Hauteur : 0m25. Largeur : 0m20.

Décor à compartiments. Roses et jacinthes; teintes blanc, bleu lapis et bleu turquoise.

Perse.

442. *Grand vase de forme cylindrique.*

Hauteur : 0m370. Diamètre : 0m230.

Il a la forme des vases de pharmacie italiens dits *albarelli*. Son ornementation se compose d'une grande inscription et de rinceaux tracés en bleu foncé sur un fond d'émail blanc.

Ce vase, dont la panse est percée d'un trou rond, a dû servir de fontaine.

Travail arabe ; xive siècle.

443. *Grande plaque de revêtement.*

Hauteur : 0m360. Largeur : 0m360.

Décor de feuillages et d'oiseaux en relief sur un fond teinté de jaune métallique à reflets peu intenses; à la partie inférieure, un fragment d'inscription arabe, à lettres en relief peintes en bleu.

Travail arabe; xve siècle.

FAÏENCES HISPANO-MORESQUES [1]

444. *Azulejo de forme carrée, à angles abattus.*

Hauteur : 0m185. Largeur : 0m185.

Arabesques estampées, de couleur bleue, blanche et jaune encadrant l'écusson des rois de Grenade, sur lequel on lit la devise arabe : « Il n'y a pas d'autre conquérant que Dieu. »

Grenade; xvᵉ siècle.

[1] Au moment où il est mort, le baron Charles Davillier préparait une nouvelle édition, revue et très augmentée, de son *Histoire des faïences hispano-moresques*, ouvrage qui, il faut l'espérer, paraîtra bientôt. On concevra dès lors sans peine que nous trouvant en face de nombreuses faïences hispano-moresques, nous ayons dû nous montrer très sobre d'attributions; nous avons suivi, en cela, l'exemple du baron Davillier lui-même : « En présence de produits si nombreux et qui offrent entre eux beaucoup d'analogie, » dit-il dans le Catalogue de la collection Fortuny (p. 92) « il est très difficile d'attribuer tel ou tel spécimen à un centre donné. » Nous avons cependant, en suivant ses indications, attribué un certain nombre de pièces aux fabriques de Valence. On nous saura peut-être gré de donner en outre ici un curieux texte relatif à la fabrication des faïences, texte qui nous a été obligeamment signalé par notre confrère et ami Alfred Morel-Fatio; il concerne les morisques de la petite ville de Muel, près Saragosse, et date de 1585 :

« Todos los veçinos cuasi deste lugar son olleros y todo el barro que se vende en Zaragoça lo más haçen aqui y desta manera. Primeramente haçen los vasos de cierta materia que alli la tierra les da, de tal suerte como los quieren; fechos,

445. *Deux azulejos provenant d'une frise.*

Hauteur : 0m014. Largeur : 0m230.

Les ornements sont estampés : ils consistent en une bande sur laquelle sont représentées des baguettes se coupant à angles droits, surmontée de fleurons, de palmettes et de croisettes. Fond blanc, ornements vert, jaune et brun.

Bien que ces deux azulejos offrent le même dessin, ils n'ont peut-être pas fait partie du même ensemble. Les couleurs ne sont pas disposées de la même manière dans l'un et dans l'autre.

Grenade; xve-xvie siècles.

446. *Grand plat à ombilic légèrement saillant.*

Diamètre : 0m460.

Fond blanc; décor de grandes palmettes de feuillages et de fleurs en or à reflets métalliques et en bleu foncé. Au centre, les armes de Léon.

los coçen en un horno que para esto tienen aparejado; vueltos despues á quitar para que les den lustre blanco y los hagan llanos, haçen un lavatorio de ciertas materiales desa manera : toman una arroba de plomo con la cual mezclan tres ó cuatro libras de estaño y luego otras tantas libras de cierta arena que alli tienen, de todo lo cual haçen una masa como de yelo y lo haçen en menudas pieças y muélenlo como harina, y hecho ansi polvo lo guardan. Este polvo despues mezclan con agua y tiran los platos por ella y los coçen otra vez en el horno, y entónces con este calor conservan su lustre. Despues para que toda la vajilla hagan dorada, toman vinagre muy fuerte con el cual mezclan como dos reales de plata en polvo y bermellon y almagre y un poco de alambre, lo cual todo mezclado escriben con una pluma sobre los platos y escudillas todo lo que quieren y los meten tercera vez en el horno, y entónces quedan con el color de oro que no se les puede quitar hasta que caigan en pedaços. Esto me contaron los mismos olleros.» *(Relacion del viage hecho por Felipe II en 1585 a Zaragoza, Barcelona y Valencia, escrita por Henrique Cock,* publiée par Alfred Morel-Fatio et Antonio Rodriguez Villa, Madrid, 1876, in-8°, p. 30 et 31.)

Au revers, une grande aigle héraldique, les ailes éployées, en or à reflets métalliques sur fond blanc.

Fabrique de Valence; fin du xvᵉ siècle.

447. *Grand plat.*

Diamètre : 0ᵐ450.

Fond blanc. Décor composé d'une rosace à huit pétales disposés symétriquement autour d'un centre orné d'une étoile à huit pointes. Les dessins, fleurs et arabesques, sont alternativement en bleu rechampi d'or à reflets métalliques, et en blanc réservé sur fond d'or.

Au revers, une aigle héraldique, les ailes éployées, en or sur fond blanc.

Fabrique de Valence; xvᵉ siècle.

448. *Plat.*

Diamètre : 0ᵐ380.

Fond blanc. Au centre, un personnage debout, tourné vers la gauche, vêtu d'un pourpoint à doubles manches, de chausses collantes et de souliers pointus; il est coiffé d'un haut bonnet. Le fond est recouvert de fleurons symétriquement disposés et de feuillages d'acacia dessinés en bleu et en or à reflets métalliques peu intenses.

Au revers, des cercles entourant des feuilles d'érable, dessinés en or à reflets métalliques sur fond blanc.

Gravé par M. Eudel, dans *Le baron Charles Davillier*, p. 61.

Fabrique de Valence; xvᵉ siècle.

449. *Bassin à ombilic et à bord estampés.*

Diamètre : 0m385.

Fond blanc; décor de feuillages, de fleurettes et d'ornements géométriques en or à reflets métalliques peu intenses. Sur le fond, une banderole deux fois repliée en forme de huit, offre, tracée en bleu et en or, l'inscription : IN PRINCIPIO ERAT VERBVM... ET VERBVM..., commencement de

l'Évangile selon saint Jean. On sait que saint Jean
était patron de Valence.

Revers décoré d'une rosace et de feuillages d'or
à reflets métalliques sur fond blanc.

Fabrique de Valence; fin du xve siècle.

45o. *Grand plat creux.*

Diamètre : 0^m425.

Fond blanc; au centre, une aigle héraldique, les
ailes éployées, entourée de feuillages d'acacia, de
feuilles pointues et de rosaces symétriques en bleu
et or à reflets métalliques. Au revers, des feuilles
d'érable disposées dans des cercles, le tout dessiné
en or à reflets métalliques sur fond blanc.

Fabrique de Valence; xve siècle.

451. *Grand plat creux.*

Diamètre : 0^m430.

Fond blanc; décor de menus feuillages bleu et or
à reflets métalliques, disposés en zones concentriques. Au centre, un écusson, chevronné d'or et
de... au pal fleurdelysé.

Revers blanc à cercles concentriques en or à
reflets métalliques.

Fabrique de Valence; fin du xve siècle.

452. *Petit plat.*

Diamètre : 0^m235.

Autour d'un écusson central, chargé d'un dauphin,
sont disposées trois zones concentriques d'orne-

ments : la première est décorée de cercles ; la seconde d'imbrications, la dernière d'une inscription composée d'un groupe de lettres O E R B R B R B. Dessin en rouge à reflets métalliques ; les lettres sont tracées en bleu.

Revers orné de feuillages légers ; au centre, une marque composée d'un X surmontant un I accompagné de deux points.

On a voulu reconnaître dans l'inscription de ce plat, qui se rencontre sur beaucoup d'autres pièces de la même époque, un fragment du commencement de l'Évangile selon saint Jean : *In principio erat Verbum*. Dans ce cas, il faudrait lire : VERB(*um*) et non OERB...

Valence ; fin du xve siècle.

453. *Grand plat creux à ombilic saillant.*

Diamètre : 0^m440.

Fond blanc ; décor de menus feuillages disposés en zones concentriques, en or à reflets métalliques très intenses. Au centre, un écusson de forme italienne, d'or aux deux masses d'azur en sautoir, armes de la famille des Gondi.

Revers : sur le bord, des feuillages ; au centre, une grande aigle héraldique, les ailes éployées, le tout en or à reflets métalliques sur fond blanc.

Fabrique de Valence ; commencement du xvie siècle.

Musée du Louvre.

29

454. *Grande aiguière.*

Hauteur : 0m450.

Sur un pied bas repose une panse hémisphérique légèrement aplatie, sur laquelle prend naissance un col très élevé, évasé à son orifice et muni d'un goulot. Anse plate rattachée à la partie supérieure de la panse et vers l'ouverture de l'aiguière.

La panse et le goulot sont décorés de zones de feuillages imbriqués, de rinceaux, de dentelures et de motifs quadrillés dessinés en bleu lapis et en couleur jaune et rouge à reflets métalliques. La partie inférieure de la panse est décorée de cercles en rouge métallique ; une torsade de même couleur orne l'anse ; l'intérieur de l'orifice du vase est décoré de rinceaux en jaune métallique.

Gravé par M. Eudel, dans *Le baron Charles Davillier*, p. 9, et dans le présent catalogue, p. 9.

Espagne ; xve siècle.

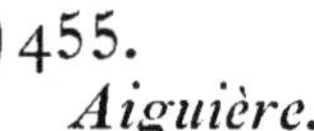

455. *Aiguière.*

Hauteur : 0m155.

Elle est en forme de cône tronqué renversé ; pied bas plus large que le fond du vase. Goulot partant de la base ; anse

en volute. Ornements en forme de palmettes tracés
en jaune à reflets métalliques. Bordures bleues en
haut et en bas du vase. Goulot, pied et anse lavés
de jaune à reflets métalliques.

Gravé par M. Eudel, dans *Le baron Charles Davillier*, p. 21.

Espagne; xvᵉ siècle.

456. *Petit plat creux.*

Diamètre : 0ᵐ220.

Décor en damier, exécuté entièrement en rouge à
reflets métalliques; les cases du damier sont alternativement chargées d'un dessin pointillé ou d'un
quadrilobe réservé en blanc sur fond jaune.

Au revers, nombreux cercles concentriques en
rouge à reflets métalliques.

Espagne; xvᵉ siècle.

457. *Grand plat à ombilic légèrement saillant.*

Diamètre : 0ᵐ450.

Fond blanc; au centre, une rosace dessinée en
bleu, lavée d'or à reflets métalliques. Sur le bord,
des losanges dessinés alternativement en bleu et en
or, contenant un dessin perlé estampé en creux.
Tout le champ est couvert de menus feuillages d'or.

Au revers, une rosace et des feuillages en or sur
fond blanc.

Espagne; xvᵉ siècle.

458. *Plat.*

Diamètre : 0m390.

Fond blanc; décor affectant la forme d'une marguerite à six pétales et d'une rosace à branches en
spirales, largement dessinées en bleu rechampi
d'or à reflets métalliques. Dans les intervalles, sur
le fond blanc, sont dessinés de légers feuillages d'or.

Au revers, des cercles renfermant des feuilles
sommairement dessinées, et, au centre, une marque
composée de quatre traits entrecroisés et formant
un losange, le tout en or à reflets métalliques sur
fond blanc.

Espagne; xve siècle.

459. *Grand bassin à bord et ombilic à godrons en spirales.*

Diamètre : 0m480.

Fond blanc; décor de rinceaux, de fleurettes et
de dessins géométriques disposés par zones concentriques, en or à reflets métalliques intenses. Sur
l'ombilic, un écusson chargé d'un taureau passant
sur le dos duquel est perché un oiseau.

Revers : grands rinceaux en or à reflets métalliques sur fond blanc.

Espagne; fin du xve siècle.

460. *Plaque de revêtement.*

Hauteur : 0m115. Largeur : 0m260.

Sur un fond blanc, l'inscription suivante en caractères gothiques, dessinée en bleu et disposée

sur deux lignes séparées par des rosaces et des rinceaux jaunes à reflets métalliques :

VINCE IN BONO

MALVM

A chaque extrémité, un oiseau dessiné en bleu.

Espagne ; fin du xv° siècle.

461. *Plaque de revêtement.*

Hauteur : 0m115. Largeur : 0m250.

Sur un fond blanc, l'inscription suivante en ca-ractères gothiques, dessinée en bleu et disposée sur deux lignes séparées par des rinceaux tracés en jaune à reflets métalliques :

KARITAS TVA MAGIS

AC MAGIS *Habvndet*

Espagne ; fin du xve siècle.

462. *Plaque de revêtement.*

Largeur : 0m015.

Lettre K, majuscule gothique, dessinée en bleu lapis sur un fond blanc orné de feuillages légers dessinés en couleur d'or à reflets métalliques.

Espagne ; fin du xv° siècle.

463. *Plaque de revêtement.*

Largeur : 0m015.

Lettre T, majuscule gothique, dessinée en bleu lapis sur un fond blanc orné de feuillages légers dessinés en couleur d'or à reflets métalliques.

Ce carreau a dû faire partie du même ensemble
que le numéro précédent.

Espagne; fin du xve siècle.

464. *Plat creux à ombilic et ornements en relief.*

Diamètre : 0^m420.

Fond blanc pointillé d'or à reflets métalliques,
orné au fond de larges feuilles découpées, et sur
les bords, de feuilles en relief teintées d'or et rechampies de bleu.

Au revers, cercles et rosaces en or à reflets métalliques.

Espagne; xvie siècle.

465. *Coupe.*

Hauteur : 0^m105. Diamètre : 0^m225.

De forme circulaire, les bords en ont été repliés
de façon à lui donner une forme à peu près carrée.
Chacun de ces plis est décoré d'ornements rapportés
en relief. Pied bas et circulaire. Décor de rinceaux
et d'arabesques en rouge à reflets métalliques sur
fond blanc.

Espagne; xvie siècle.

466. *Grand plat.*

Diamètre : 0^m490.

Fond blanc; décor composé de branches de
feuillages symétriquement disposées, dessinées en

or à reflets métalliques, lavées de bleu clair ; le
champ est semé de menus rinceaux d'or. Revers
couvert de paraphes dessinés en or à reflets métalliques sur fond d'émail blanc.

Espagne ; xvie siècle.

467. *Couvercle d'un vase.*

Diamètre : 0m325.

Émail bleu lapis. Il est entièrement recouvert à
l'intérieur et à l'extérieur d'ornements géométriques
et de menus feuillages tracés en rouge à reflets
métalliques.

Il est muni à sa partie supérieure d'un bouton de
forme aplatie.

Manissès ; xvie siècle.

468. *Vase à deux anses et à couvercle.*

Diamètre : 0m210. Hauteur : 0m260.

Il est de forme cylindrique légèrement resserrée
vers la base ; anses peu saillantes et tordues ; couvercle bombé ouvert en son centre, ce qui semble
indiquer que ce vase servait de brûle-parfums.
Fond d'émail bleu lapis, qui a coulé par places,
entièrement décoré de feuillages vermiculés, dessinés en or à reflets métalliques. Sur le devant du
vase, un écusson écartelé aux un et quatre de.... à
l'aigle impériale d'or, aux deux et trois de... au
lion d'or, chargé en abîme d'un écu barré d'or et

de.... Cet écusson est surmonté d'une couronne fermée.

Manissès ; xvie siècle.

469. *Vase de pharmacie* (albarello).

Hauteur : 0^m260.

Émail bleu lapis ; décor à reflets métalliques formés de chapelets de fleurs superposés comme des anneaux.

L'intérieur de ce vase est recouvert d'un vernis jaune clair.

Manissès ; xvie siècle.

470. *Coupe circulaire à sept cavités.*

Diamètre : 0^m205.

Elle est montée sur un pied bas fermé à sa partie inférieure et ouvert à sa partie supérieure, de façon à former une cavité centrale ; les six cavités du pourtour sont hémisphériques. Décor de feuillages à reflets cuivreux. Beaucoup de parties de cette coupe, intérieurement et extérieurement, sont recouvertes en entier de couleur à reflets métalliques cuivreux.

Manissès ; xvie siècle.

471. *Grand plat.*

Diamètre : 0^m440.

Décor à reflets métalliques rouges, sur fond blanc. Au centre, un personnage à cheval, dans le costume

des généraux d'armée de la première moitié du
xviiie siècle. Large bordure sur laquelle sont représentés, dans des médaillons, des paysages, des
scènes de genre et des chiens.

Cette pièce, qui n'a rien de moresque dans sa
facture, peut cependant, à cause des reflets métalliques, être considérée comme un dernier écho de
la fabrication des faïences hispano-moresques.

Espagne; xviiie siècle.

FAÏENCES ESPAGNOLES

472. *Carreau de pavage de forme hexagone.*

Longueur : 0m218. Largeur : 0m110.

Sur un fond de feuillages, une banderole sur laquelle on lit la devise française : NE OBLYER, écrite en caractères gothiques.

Dessin en bleu sur fond blanc.

Espagne; xve siècle.

473. *Carreau de pavage de forme hexagone.*

Longueur : 0m218. Largeur : 0m110.

Même décor que sur le numéro précédent; sur la banderole, on lit : SPE RA TENS (?)

Espagne; xve siècle.

474. *Carreau de pavage de forme carrée.*

Largeur : 0m138.

Sur un fond blanc, on voit, dessiné en bleu, un gros livre ou registre de comptes dont le premier feuillet est entr'ouvert; on y lit, en cinq lignes, un fragment de compte en sous, dont le sens nous échappe : *I s., V s., XX s., LXX s., CXX s.* Sur l'un des côtés du carreau, une inscription en caractères gothiques, en partie effacée : BARACCA : NOVA.

Espagne; xve siècle.

475. *Plat.*

Diamètre : 0m225.

Décor cerné d'un large trait noir gravé, procédé rappelant un peu la fabrication des poteries italiennes dites *à la Castellana.* Au centre, un lièvre courant vers la droite; sur le fond, de larges fleurons. Émaux blanc, jaune et bleu; bord vert. Revers blanc. Sous le marli, une croix gravée après la cuisson.

Gravé dans : Baron Charles Davillier, *Les Arts décoratifs en Espagne*, p. 82.

Puente del Arzobispo; xvie siècle.

476. *Aiguière.*

Hauteur : 0m290.

Panse cylindrique. Le goulot représente une tête de femme; l'anse se rattache à la partie supérieure de la panse et à la partie supérieure de la tête.

N° 475 du Catalogue.

Décor d'émail blanc, bleu,
jaune et vert, cerné d'un
large trait noir. Sur la
panse, l'inscription : VANPI,
en grandes lettres go-
thiques.

Gravé par M. Eudel, *Le baron Charles Davillier*, p. 9.

Puente del Arzobispo;
XVIe siècle.

477. *Assemblage de quatre azulejos.*

Hauteur : 0m240. Largeur : 0m240.

Ces quatre azulejos
sont décorés d'ornements
estampés représentant
une rosace formée par huit grenades, entourée
d'un large tore de feuillages et de fleurs. Fond
blanc, tons brun clair, vert et bleu.

Espagne; XVIIe siècle.

478. *Coupe.*

Hauteur : 0m010. Diamètre : 0m016.

Alexandre et la famille de Darius, d'après Lebrun.
Tons bleu, jaune, brun verdâtre et rose violacé.
Bordure bleu et jaune dans le style des faïences
de Moustiers. Le pied est décoré de la même manière.

Sous le pied sont écrits les noms de la fabrique,

Alcora, España, et du peintre : *SOLIVA*, en bleu.
Ce nom est répété une seconde fois sous le bord de
la coupe.

Fabrique d'Alcora; xviii⁰ siècle.

479. *Coupe.*

Hauteur : 0ᵐ010. Diamètre : 0ᵐ325.

Composition dans le style de Bérain. Au centre,
dans un médaillon soutenu par deux sphinx et en-
vironné de femmes ailées, un Mars à triple visage.
Dans le haut de ce médaillon, on voit deux petits
écussons : l'un offre des armoiries, d'azur à trois
pals d'or; dans l'autre se voit la lettre L. A droite
et à gauche, des fontaines surmontées d'un génie
portant un trident et d'un dauphin; dans la vasque,
des singes grimaçants. Double bordure d'ornements
dans le style de Bérain et de guirlandes de fleurs.
La bordure du pied est de même style. Tons bleu,
vert, jaune et saumon. Sous le pied, une marque
composée d'un carré avec point central en bleu [•] ;
sous la coupe, près du bord, les initiales v c, en
bleu. Cette coupe est fracturée.

Fabrique d'Alcora; xviii⁰ siècle.

480. *Pyramide découpée à jour.*

Hauteur : 0ᵐ640. Largeur : 0ᵐ330.

Décor de bustes et de feuillages dans le style de
la fabrique de Moustiers. Fond blanc, décor bleu.

Fabrique d'Alcora; xviii⁰ siècle.

481. *Pyramide.*

Hauteur : 0m290. Largeur : 0m175.

Elle est décorée sur ses quatre faces de bustes, de vases de fleurs, de mascarons et d'amours dans le style de Bérain, dessinés en bleu comme dans les faïences de Moustiers; certains détails sont teintés de jaune, de rouge et de vert. Fond blanc.

Fabrique d'Alcora; xviiie siècle.

482. *Tableau de forme octogone surmonté d'un fronton découpé.*

Hauteur : 0m310. Largeur : 0m280.

Scène empruntée aux aventures de don Quichotte. Don Quichotte rencontre une troupe de comédiens nomades. Au premier plan, Sancho Pança monté sur un âne; au second plan, traînée par deux mulets, la charrette des comédiens, dans laquelle on distingue une reine, un brave, une ingénue, la mort et plusieurs amours; plus loin, à gauche, don Quichotte à cheval sur Rossinante; fond de paysage montagneux. Bordure décorée de fleurs et d'ornements en damier. Fond blanc, dessin en bleu.

Fabrique d'Alcora; xviiie siècle.

483. *L'ange Gabriel. Plaque de revêtement.*

Hauteur : 0m22. Largeur : 0m22.

L'ange de l'Annonciation est représenté debout,
de profil et marchant vers la droite. Il est vêtu d'une
longue tunique flottante, serrée à la taille et aux
hanches, à manches extrêmement collantes, fendues
aux coudes; ses cheveux longs et bouclés sont entourés d'un diadème; de la main droite, il bénit, de
la gauche, il tient une tige de lys. Tout le champ
autour de l'ange est cerné d'un large trait bleu et
couvert de grands rinceaux. Bordure de feuilles
d'eau.

Dessin en bleu modelé de bleu, tons vert clair et
ocre.

Faenza; vers 1490.

Musée du Louvre.

484. *Plat creux (fragment)*.

Diamètre : 0ᵐ290.

Au premier plan, cinq personnages debout, en
costumes moitié antiques, moitié du xvᵉ siècle; l'un
d'eux semble prendre congé des autres et se disposer
à monter sur un navire dont on aperçoit la proue,
vers la gauche. Près du groupe, et en avant, un petit
chien jouant avec une banderole sur laquelle on lit
la date · 1498. Plus loin, on voit une sorte de petit
temple porté sur quatre colonnes, un autel allumé
pour un sacrifice et une femme agenouillée; au fond,
vers la droite, des falaises à pic et l'entrée d'une
ville; à gauche, la mer, deux navires et un port.
Cette composition est entourée d'une large bordure
à fond bleu, sur laquelle se détachent des vases,
des palmettes et des cornes d'abondance. Dessin et

modelé en bleu; tons jaune, bistre roux, vert clair et violet. Au revers, sous le bord, une guirlande de fleurs et de feuillages, dessinés en bleu.

Faenza ; 1498.

485. *La Vierge et l'Enfant Jésus. Plaque de revêtement.*

Hauteur : 0m390. Largeur : 0m280.

La Vierge nimbée, vue à mi-corps, de trois quarts à gauche, vêtue d'une robe serrée à la taille et munie de manches collantes, et d'un grand manteau, dont un pan, ramené sur sa tête, forme un voile, soutient des deux mains l'enfant Jésus, nu, nimbé d'un nimbe crucifère. La main gauche de Jésus est passée autour du cou de sa mère ; de la droite, il fait le geste de la bénédiction.

Dessin en bleu foncé modelé de bleu ; tons bleu, ocre foncé et violet. Fond nuageux, bleu et blanc. Bordure bleu et ocre.

Ce tableau est placé dans un cadre italien en bois doré du xvie siècle.

Toscane ; fin du xve siècle.

Musée du Louvre.

486. *Grand plat creux.*

Diamètre : 0m55.

La chute d'Adam et d'Eve. Au centre, l'arbre de la science du bien et du mal, autour duquel est enroulé le serpent à tête humaine ; à droite et à gauche, Eve et Adam, debout, une ceinture de feuilles autour des reins. A gauche, Dieu le Père, vu à mi-corps, dans une gloire, interpelle Adam. Double bordure formée d'une couronne de fleurs, de feuilles, de fruits et de feuillages enroulés autour d'une baguette. Dessin très sommaire en bleu modelé de bleu et de bistre clair. Tons bleu, violet clair, vert, jaune et bistre roux. Revers non émaillé.

Toscane ; fin du xve siècle.

487. *Carreau de pavage.*

Hauteur : 0m185. Largeur : 0m185.

Dans un médaillon circulaire orné d'une bordure perlée, deux petits génies ailés, debout et nus, soutiennent un écu de forme italienne, écartelé aux un et quatre tranché et enclavé d'or et d'azur, au chef cousu d'or chargé d'une aigle éployée de sable, qui est Petrucci ; aux deux et trois, d'argent à la croix d'azur chargé de cinq croissants d'or, qui est Piccolomini. Aux angles du médaillon, quatre mascarons. Bordure d'oves.

Dessin dans le style de Pinturicchio, en bleu modelé de bleu ; quelques parties lavées de jaune, vert et rouge sombre.

Sienne ; commencement du xvie siècle.

Musée du Louvre.

488. *Portrait de femme.*

Plaque circulaire.

Diamètre : 0m230.

En buste et de profil à gauche, elle est vêtue d'une robe ouverte carrément sur la poitrine et d'un voile qui lui couvre la tête et retombe sur ses épaules. Sur une banderole on lit l'inscription : ONESTA FA BELLEZA.

Dessin et modelé en bleu; fond bleu; vêtement violet, à bordure pointillée de jaune.

Cette plaque est placée dans un cadre italien du xviiie siècle, rouge et or.

Castel-Durante; commencement du xvie siècle.

489. *Encrier représentant la Crèche.*

Largeur : 0^m220. Hauteur : 0^m220.

Sur une base circulaire soutenue par trois lions, sont représentés en relief : au centre, Jésus enfant, nu, étendu sur un lange, la tête sur un coussin; à droite, la Vierge, agenouillée et nimbée, dans l'attitude de l'adoration; à gauche, saint Joseph dans la même attitude; il est également nimbé, mais sa tête est coiffée d'un chaperon. Au second plan, l'étable contenant l'âne et le bœuf. Sur l'une des poutres qui soutiennent le toit est tracée la date 1509. A côté de saint Joseph se trouve une bobèche destinée à contenir une bougie; à droite, près de la Vierge, un encrier en forme de vase à large panse. Entre ces deux pièces, la partie supérieure du socle est ouverte et laisse voir le fond, sur lequel est tracé un G, initiale du nom du potier qui a exécuté ce groupe. Sur le pourtour du socle est écrite en lettres capitales l'inscription suivante : VERBVM ⋆ CHARO ⋆ FATVM (*sic*) ⋆ EST ⋆ DE ⋆ VIRGINE ⋆ MARIA ⋆ FECE ⋆ GIOVANNI ⋆ ACOLE. Ce Giovanni Acole est, croyons-nous, inconnu.

Tons bleu, violet, jaune et vert clair.

Le Musée d'art industriel de Berlin possède un groupe
analogue; un autre est exposé au *Museo nazionale*, à Florence. Bien que l'on attribue généralement ces pièces à des
potiers vénitiens, nous avons préféré en faire honneur aux
fabriques de Faenza, parce qu'elles se rapprochent beaucoup
par leur style des œuvres authentiques ayant cette origine. Il
ne faut pas du reste oublier que des relations continuelles
existaient entre Venise et les villes de Romagne, et de la fré-
quence de ces relations naît bien souvent une grande incer-
titude dans l'attribution des œuvres à tel ou tel centre de
production céramique.

Faenza; 1509.

490. *Petit plat.*

Diamètre : 0ᵐ220.

Au centre, un écu de forme ovale à bordure découpée offrant les armes des Médicis; au-dessous
du tourteau qui occupe le chef de l'écu, on lit le
mot CLEMENS, qui indique que ce plat a été fait
sous le pontificat de Clément VII (1523-1534). Marli
orné de légers rinceaux symétriques. Dessin en
bleu; tons bleu, vert clair et bistre roux; remplissage
de jaune à reflets métalliques.

Deruta; entre les années 1523 et 1534.

491. *Buire.*

Hauteur : 0ᵐ220.

Panse de forme ovoïde, col resserré, évasé à son
ouverture; pied large et bas. Anse plate en forme
de volute, attachée au milieu de la panse et au-dessous de l'ouverture de la buire. Décor composé d'un
rang de feuilles d'eau et d'un médaillon orné d'un
fruit et de feuillages, coupé par l'inscription : PIERA

B(*ella*), accosté de deux chapelets de fleurs. Dessin en bleu lavé de bleu; remplissage de jaune métallique à reflets peu intenses.

Deruta; premier quart du xvie siècle.

492. *La Vierge, l'Enfant Jésus et un pénitent. Plaque.*

Hauteur : 0^m190. Largeur : 0^m250.

A gauche, la Vierge, nimbée, vêtue d'un manteau bleu et d'une robe rouge sombre, assise sur un trône, tient sur ses genoux l'enfant Jésus debout, nu, nimbé; de la main gauche, celui-ci tient la boule du monde surmontée d'une croix; de la droite, il bénit un personnage agenouillé à droite, vêtu du costume des pénitents, tenant dans ses mains jointes un rosaire. Fond de paysage montagneux sommairement traité. Bordure ornée de feuilles d'eau.

Dessin en bleu, modelé de bleu, tons jaune, ocre rouge et vert.

Toscane; premier quart du xvie siècle.

493. *Coupe à ombilic et ornements en relief.*

Diamètre : 0^m215.

Au centre, sur l'ombilic, légèrement en relief, un écu de forme italienne, d'or à la guivre d'azur couronnée, armes des ducs de Milan. Sur le bord, disposés symétriquement, treize fruits en forme d'amande en relief, alternant avec des feuillages et d'autres fruits, en relief également. Dessin en bleu lavé de bleu et de vert. Remplissage de jaune à reflets métalliques et de rouge peu intense. Revers : sous le bord, trois ornements en forme de spirales tracés en rouge à reflets métalliques.

Gubbio; vers 1530.

494. *Coupe. Arion.*

Diamètre : 0ᵐ235.

Au premier plan, Arion, en costume antique, debout sur le dos de dauphins, joue du violon; au second plan, à gauche, un navire; à droite, une ville fortifiée, sur le bord de la mer; au fond, des montagnes; bordure de menus feuillages disposés symétriquement et formant guirlande. Email blanc légèrement teinté de bleu; dessin et modelé en bleu clair. Revers : sous le bord, quatre bouquets de feuillages alternant avec quatre carrés ou losanges recoupés en quatre parties par des lignes se coupant à angle droit. Sous le pied, le mot RAVENA, accompagné de deux paraphes.

Reproduit dans Delange, *Recueil de faïences italiennes*, planche 46. Cette pièce, la seule connue portant le nom de Ravenne, est probablement l'œuvre d'un artiste nomade originaire de Faenza ou de Forli.

Ravenne ; première moitié du xviᵉ siècle.

495. *Fragment d'un couvercle de forme circulaire.*

Diamètre : 0ᵐ145.

Sur la partie centrale, relevée en forme d'ombilic, la Vierge, assise sous un dais, tenant l'enfant Jésus sur ses genoux. Bord orné de feuilles d'eau. Dessin gravé sur engobe, *à la Castellana,* lavé de jaune et de vert.

Italie; première moitié du xvie siècle.

496. *Plat creux. Tête de guerrier.*

Diamètre : 0m400.

Au fond, un guerrier, vu en buste de profil à gauche. Il est vêtu d'une cuirasse et coiffé d'un casque de style antique. A gauche, un paysage sommairement traité. Bordure de grandes palmettes, alternativement sur fond blanc et ocre.

Dessin en bleu modelé en bistre roux. Tons bistre roux, bleu lapis, vert, jaune.

Revers vernissé.

Deruta; vers 1550.

497. *Grand plat. Un miracle de saint Paul.*

Diamètre : 0m420.

Saint Paul, amené devant le proconsul d'Asie, guérit un aveugle et convertit le proconsul. Ce plat est exécuté d'après la composition de Raphaël, gravée par Marc-Antoine Raimondi.

Dessin en bleu, modelé de bistre verdâtre et de bistre roux. Tons bleu, vert ombré de bleu, jaune ombré de bistre verdâtre, jaune ombré de bistre roux. Architecture traitée en bistre.

Nicolo da Urbino (attribué à).

498. *Grand vase de pharmacie à deux anses.*

Hauteur : 0ᵐ390. Largeur : 0ᵐ300.

Sa forme cylindrique, resserrée vers la base et vers l'ouverture, ne s'éloigne pas sensiblement de la forme des *albarelli* ordinaires; mais les côtés sont ornés de deux grandes anses plates en forme de double volute, ornées chacune de deux mascarons en relief. Sur le devant, sur fond bleu lapis, sont peintes des armoiries surmontées d'une mitre : d'or au taureau passant de gueule, placé sur une montagne de sinople à six coupeaux, au chef de gueule chargé d'une bande échiquetée d'argent et d'azur; au-dessous de l'écusson, de forme italienne, sur une banderole, la devise : BONA FIDE. Le col est décoré d'un ornement rayé, bleu jaune, bistre roux et blanc; le pied est orné sur tout son pourtour d'un rang d'oves. Sur la partie postérieure, des feuillages et des fleurons dessinés en bleu sur fond blanc. Les anses sont décorées en bleu avec feuillages blancs dessinés par enlevage; les mascarons sont peints en jaune rechampi de bistre verdâtre et de bistre roux.

Castel-Durante; xvıᵉ siècle.

499. *Bouteille de forme aplatie.*

Hauteur (sans le bouchon) : 0ᵐ205. Largeur : 0ᵐ230.

Elle affecte la forme des vases dits « bouteilles de chasse ». Elle est montée sur un pied bas et ovale;

deux mascarons de satyres, placés à la partie supérieure de la panse, forment les anses. Des deux
côtés sont représentés des guerriers, vêtus à l'antique, dans différentes attitudes, portant des éten-
dards. Dessin en bleu modelé de bistre roux avec
rehauts blancs. Tons bleu, violet, jaune, vert. Bon
dessin dans le style de l'école de Raphaël; fond de
paysage montagneux; ciel en bleu vif. Anses teintées de jaune, rechampies de bistre roux.

Le bouchon, teinté de bleu, de jaune et de bistre
roux, est moderne.

Urbino; milieu du xvie siècle.

500. *Écritoire de forme hexagonale.*

Hauteur : 0^m125. Diamètre : 0^m325.

Chaque angle est orné d'une chimère en relief.
Sur chacune des faces, des médaillons ovales, entourés d'un cartouche en relief, dans lesquels sont
représentés en grisaille Jupiter et l'aigle, Vénus et
l'Amour, Saturne, Diane, Mars, Mercure. L'intérieur
est divisé en trois compartiments : deux triangulaires, munis d'une ouverture ronde, et destinés à
servir d'encriers, un central, en forme de parallélogramme, complétement ouvert, et destiné à contenir les objets dont la représentation est peinte sur
le fond : une plume, un canif, un compas, des ci-
seaux, une bague à cachet. Décor en jaune rechampi
de bistre roux, bleu, vert clair et vert foncé. Les
pieds, en forme de griffes de lion, sont une restau-
ration.

Urbino; seconde moitié du xvie siècle.

5o1. *Plat creux. Le frappement du rocher*.

A droite, Moïse, debout, frappant le rocher;
autour de lui, à droite et à gauche, les Hébreux
s'empressent avec des vases. Fond de paysage et
de fabriques.

Dessin en bistre, modelé en bistre roux. Tons
bleu, jaune, vert et violet. Ton général jaunâtre; au
dos est tracée, en écriture cursive, en bleu, l'inscription : *Moise precote la piera*.

Urbino; seconde moitié du xvıᵉ siècle.

5o2. *Grande vasque trilobée*.

Largeur : 0ᵐ520. Hauteur : 0ᵐ230.

A l'intérieur, au premier plan, une rivière et plusieurs pêcheurs; au second plan, un barrage; au
fond, une ville. Sur les côtés, trois anses plates,
ornées de têtes de satyres en relief. Pied composé
de trois griffes de lions. Chaque lobe est extérieurement décoré d'une feuille d'acanthe en relief.

Décor en bleu et blanc sur émail légèrement
teinté de bleu.

Venise; xvıᵉ siècle.

5o3. *Chauffe-main en forme de livre*.

Hauteur : 0ᵐ128. Largeur : 0ᵐ080.

Sur l'une des faces, le monogramme de Jésus : I H S;
sur l'autre, des notes de musique et les lettres G. T.

Dessin en bleu lavé de bleu, de jaune et de vert.

Italie; fin du xvıᵉ siècle.

504. *Grand plat.*

Diamètre : 0ᵐ435.

Thésée et Pirithoüs sur les bords du fleuve Acheloüs. A droite, le fleuve Acheloüs, assis, appuyé sur son urne ; près de lui, l'inscription : *Achelof* (iume). A gauche, Thésée et Pirithoüs, debout, en costume moitié antique, moitié du xvıᵉ siècle, Dans le haut, un écusson d'armoiries, de forme ovale, parti de... chargé d'un griffon et d'un écartelé de... et de..., au chef de France. Fond de paysage. Marli et bord décorés de feuillages, de fruits et de fleurs. Dessin gravé sur engobe, *à la Castellana,* lavé de jaune, de vert et de bleu. Au revers, le bord seul est vernissé, le milieu est brut.

Italie ; fin du xvıᵉ siècle.

505. *Plat rond et creux.*

Diamètre : 0ᵐ420.

Le siège de Vienne par les Turcs, en 1683. Au premier plan, le camp des Turcs, où l'on voit, à droite, le grand visir dans sa tente, accompagné de l'inscription : G(rand) VISIR. Au milieu du plat, le plan de Vienne, dans lequel on n'a figuré que les fortifications et l'église Saint-Étienne ; les Turcs bombardent la ville de tous côtés. Plus haut, le Danube et trois médaillons représentant le roi de Pologne, l'empereur et le duc de Lorraine.
Revers blanc.

Italie ; fin du xvııᵉ siècle (postérieur à 1683).

5o6. *Assiette plate à bords découpés.*

Diamètre : 0m240.

Fond bleu ; quatre médaillons, un central et trois sur les bords, offrent, sur fond blanc, des personnages de la comédie italienne. Revers émaillé de bleu ; au centre, la marque de fabrique : *Milano*, en rouge.

Milan ; xviiie siècle.

FAÏENCES

DE MOUSTIERS ET DE MARSEILLE

507. *Grand plat à bords découpés.*

Diamètre : 0^m445.

Au centre, dans un grand médaillon circulaire entouré de guirlandes de fleurs, Pluton enlevant Proserpine; tout autour sont disposés symétriquement six autres médaillons contenant chacun un sujet mythologique : Apollon vainqueur du serpent Python, Neptune sur un char traîné par des chevaux marins, la Paix environnée des attributs des sciences, Flore entourée d'amours, le triomphe de Neptune, le triomphe d'Amphitrite. Bords ornés de guirlandes de fleurs. Fond blanc, dessin en jaune modelé de violet; tons bleu et vert. Au revers, en jaune, la marque : OL · P ·, les deux premières lettres entrelacées.

Moustiers, fabrique d'Olery; xviiie siècle.

508. *Grand plat ovale.*

Longueur : 0m640. Largeur : 0m510.

Décor de grotesques, de termes et de médaillons empruntés aux compositions de Bérain ; au centre, un écusson ovale, bandé de... et de gueules de sept pièces. Bordure de feuillages dans le style de Bérain. Dessin bleu sur fond blanc.

Moustiers.

509. *Grand plat ovale.*

Longueur : 0m630. Largeur : 0m505.

Au centre, dans un médaillon entouré de grotesques, une grande composition dans le style de Toro, Orphée charmant les animaux ; bordure dans le style de Bérain. Décor bleu, fond blanc.

Moustiers.

510. *Grand plat ovale.*

Longueur : 0m640. Largeur : 0m510.

Au centre, dans un médaillon, un concert ; entourage de grotesques et bordures empruntés aux compositions de Bérain. Décor bleu sur fond blanc.

Moustiers.

511. *Grand plat ovale.*

Longueur : 0m570. Largeur : 0m460.

Fond blanc ; au centre, les armoiries des Grimaldi, princes de Monaco ; losangé d'argent et de gueules.

Sur la bordure, des mufles de lions alternant avec des fleurs et des feuillages. Décor en bleu.

Moustiers.

512. *Écuelle à bouillon.*

Hauteur : 0ᵐ115. Diamètre (sans les anses) : 0ᵐ160. Diamètre (avec les anses) : 0ᵐ240.
Diamètre de l'assiette : 0ᵐ245.

L'écuelle, de forme basse, est munie de deux anses de style rocaille; le couvercle, presque plat, est surmonté d'un bouton formé par un chrysanthème, des pensées et des fleurettes. Sur le couvercle et sur l'écuelle, quatre médaillons renfermant des paysages avec personnages, séparés par des bouquets de fleurs et bordés d'or, ainsi que le bord du couvercle. Fond blanc, décor polychrome.

Sur l'assiette, un médaillon central représentant un paysage avec personnages; sur les bords, des fruits, des fleurs et des insectes; bordure d'or.

Marseille, fabrique de Robert; xviiiᵉ siècle.

513. *Sucrier.*

Hauteur : 0ᵐ125. Diamètre du sucrier : 0ᵐ130. Diamètre de la soucoupe : 0ᵐ200.

Sucrier de forme cylindrique à couvercle bombé surmonté d'une tige de chrysanthème formant bouton. Soucoupe légèrement creuse à bords découpés. Fond blanc; ornements de style rocaille dessinés en noir et teintés de vert clair légèrement irisé. Sur le couvercle et sur le bord de la soucoupe, un écusson ovale soutenu par deux lions, timbré d'une couronne de prince, placée sur un

manteau et accompagnée des insignes de la Toison
d'or : d'azur aux trois quintefeuilles d'or, 2 et 1,
au chef d'argent, chargé d'un lion passant de
gueules.

Le bouton qui surmonte le couvercle est teinté de
rouge sombre et de violet ; les traces laissées par
les pernettes au revers de la soucoupe sont peintes
en vert. Marques : sous la soucoupe, un trait noir ;
à l'intérieur du sucrier, un cercle noir ; même
marque à l'intérieur du couvercle.

Marseille, fabrique de Robert; xviiie siècle.

PORCELAINES DES MÉDICIS

514. *Plat.*

Diamètre : 0^m27.

A l'intérieur, le fond et le rebord sont ornés de fleurs, d'enroulements, etc., dans le goût des anciennes faïences persanes en bleu et blanc, quelquefois imitées à Chaffagiolo. Le revers est décoré dans le même style. Au centre, la marque du dôme de Santa-Maria-del-Fiore, avec la lettre F. La pâte est bise et le bleu assez beau, mais inégal. Cette pièce a fait partie de la collection de M. le marquis d'Azeglio.

Reproduit dans : Baron Charles Davillier, *Les origines de la porcelaine en Europe*, p. 107. — C'est au *Catalogue* qui accompagne cet ouvrage que nous empruntons la description de cette pièce ainsi que des suivantes.

515. *Coupe basse.*

Diamètre : 0m240. Hauteur : 0m045.

Le fond, à l'intérieur, est orné de branchages et
de fleurs fantastiques, formant comme un bouquet et entourés de trois cercles concentriques.
Autour, une·frise d'ornements du même genre.
Ces ornements ne rappellent qu'en partie le style
oriental.

Au revers, le bord de la coupe, formant quart de
rond, est orné d'une frise très élégante, composée
d'enroulements et de fleurs de goût oriental. Au
centre, la marque du dôme de Florence, mais sans
la lettre F.

La pâte est blanche et assez belle, le bleu foncé est
assez beau, sauf en quelques endroits où il est soit
comme délavé, soit rendu presque noir par l'addition du manganèse. Un peu de sable s'est mélangé
avec la couverte, au fond de la coupe, par suite
d'un infléchissement à la cuisson. La porcelaine est
plus transparente qu'à l'ordinaire.

Reproduit dans : Baron Charles Davillier, *Les origines de
la porcelaine en Europe*, p. 109.

516. *Vase à deux anses.*

Hauteur : 0m280. Diamètre : 0m136.

Vase à deux anses *(Guttatoio)*, à panse sphérique
et à deux anses contournées, surmonté d'un long
goulot droit, de forme singulière ; ce goulot, coupé
par moitié dans le sens de la longueur, se termine
en sifflet et renferme quatre divisions en saillie,
qui servaient à arrêter le liquide qu'on versait et à

ne le laisser couler que goutte à goutte. Le décor, en bleu pâle et légèrement violacé, est composé de fleurs et de feuillages de goût oriental ; au bas du col, des vases ornés de fruits et de feuillages, et au-dessous desquels retombent des draperies. La pâte est bise, et l'émail a des craquelures en plusieurs endroits.

Cette pièce, qui provient de la collection de M. le docteur A. Foresi, ne porte aucune marque. — Ce vase a dû servir à l'usage d'une pharmacie.

Reproduit dans : Baron Charles Davillier, *Les origines de la porcelaine en Europe*, p. 105.

Musée du Louvre.

517. *Gourde ou flacon.*

Hauteur : 0m26. Grand diamètre : 0m21. Petit diamètre : 0m13.

Gourde ou flacon *(Fiasco)*, de forme aplatie, reposant sur un piédouche bas. Les deux anses sont formées de mascarons en relief dans le goût florentin du dernier quart du xvie siècle, surmontés d'anneaux ronds ; la pâte est d'un ton bis, légèrement verdâtre, et présente quelques tache blanches ; l'émail est trop épais. Le décor de cette gourde, d'un assez beau bleu, qui n'a pas coulé, se compose de branchages, de fleurs et d'oiseaux, imités des anciennes porcelaines chinoises en bleu et blanc. Elle ne porte pas de marque.

Reproduit dans : Baron Davillier, *Les origines de la porcelaine en Europe*, p. 106.

Musée du Louvre.

518. *Gourde ou flacon.*

Hauteur : 0m275. Grand diamètre : 0m21. Petit diamètre : 0m14.

Gourde ou flacon, de forme légèrement aplatie, reposant sur un piédouche bas; les anses sont formées de deux simples anneaux. La panse est ornée, de chaque côté, de branchages, de fleurs, d'oiseaux au long col recourbé, d'une gazelle, d'insectes, etc., rappelant le goût oriental. Ces oiseaux offrent la plus grande ressemblance avec ceux qui ornent la belle *brocca* de M. le baron G. de Rothschild. Le goulot est orné de palmettes.

Cette gourde offre une particularité que nous n'avons remarquée sur aucune autre pièce du même genre : elle est entièrement décorée en violet de manganèse, sans aucune addition de bleu. Dans beaucoup de parties, le violet est soufflé et crevé ; la pâte est d'un blanc passable, mais l'émail est très craquelé, défaut qu'on peut attribuer à l'insuffisance de la cuisson. On avait sans doute prévu les défauts de cette curieuse pièce, comme le montre l'inscription : *Prova* (épreuve, essai), qui se lit sous le piédouche.

M. le docteur Al. Foresi, qui a possédé cette pièce, l'a mentionnée en 1869 dans la seconde édition de sa brochure *Sulle porcellanne Medicee* (p. 23), où il en a donné l'inscription. C'est peut-être, disait-il dans son travail, *un oggetto di prova* fait au temps de Cosme Ier.

Reproduit dans : Baron Davillier, *Les origines de la porcelaine en Europe*, p. 72.

Musée du Louvre.

519. *Petite bouteille.*

Hauteur : 0m170. Diamètre : 0m109.

Petite bouteille *(boccetta)* ovale, de forme arrondie, à huit pans, avec reliefs ; deux anses en forme d'anneau ; elle est entourée d'une ceinture en relief composée de perles rondes ; sur chaque pan sont peints, en bleu entouré de manganèse, une marguerite sans tige et un ornement imitant des rayons de flamme, ornement qui se retrouve aussi au goulot. La pâte est légèrement bise. Aucune marque.

Reproduit dans : Baron Davillier, *Les origines de la porcelaine en Europe*, p. 110.

Musée du Louvre.

520. *Petite bouteille.*

Hauteur : 0m186. Diamètre : 0m108.

Petite bouteille à peu près semblable à la précédente, à deux anses en forme d'anneau, et à huit côtes en relief, avec une ceinture également en relief. Les ornements, peints en bleu entouré de manganèse, représentent des branchages, des fleurs imaginaires, etc. La pâte est un peu bise et légèrement jaunâtre. Deux sutures dans le sens de la hauteur nous font croire que cette pièce a été faite par le moyen du moulage. Aucune marque.

Reproduit dans : Baron Davillier, *Les origines de la porcelaine en Europe*, p. 111.

Musée du Louvre.

PORCELAINES DIVERSES

521. *Flacon.*

Hauteur : 0m260.

La panse est de forme carrée ; elle est surmontée d'une calotte hémisphérique sur laquelle prend naissance le goulot. Décor d'éventails, de fleurs et d'animaux, deux fois répétés. Teintes bleu sombre, rouge, vert et jaune, rehauts d'or.

Porcelaine de Chine ; xviiᵉ siècle.

522. *Tasse et soucoupe de forme quadrilobée.*

Hauteur : 0m076. Diamètre de la soucoupe : 0m140.

Sur la tasse, un groupe d'amours assis autour d'un feu, dans un paysage. Soucoupe ornée au milieu d'une petite corbeille à jour destinée à recevoir la tasse, et de bouquets de fruits. Marque : Deux épées croisées en bleu et le chiffre 76 en or.

Porcelaine de Saxe ; xviiiᵉ siècle.

523. *Figurine d'enfant.*

Hauteur : 0^m120

Petite fille debout, pieds nus, appuyée à un tronc d'arbre. Elle est vêtue d'une robe courte semée de bouquets de fleurs. De la main gauche elle soutient une corbeille pleine de fruits, de la droite elle tient une grappe de raisin. Sous le pied, la marque D, V, en creux.

Porcelaine de Mennecy, dite de Villeroy.

524. *Assiette creuse.*

Diamètre : 0^m257.

La république de Venise, représentée sous les traits d'une femme portant le costume des doges, assise sur le lion de saint Marc, reçoit les produits de la manufacture de porcelaine de Nove, étalés devant elle ; une femme coiffée d'une couronne murale, personnifiant la ville de Nove, et le Temps, lui présente la fabrique sous les traits d'une jeune fille agenouillée.

Porcelaine blanche ; ton brun, bleu, gris, violet et roux. Autour du sujet central, bordure d'arabesques en violet. Sur l'un des plats posés à terre, on voit un monogramme composé des lettres G A B (*Giovanni Antonibon*), nom du fabricant.

Le Nove, près de Bassano ; xvIII^e siècle.

525. *Assiette creuse.*

Diamètre : 0^m230.

Au centre, Hercule tuant à coups de massue le centaure Nessus qui vient de lui enlever Déjanire.

Bords ornés de fleurs. Tons brun, jaune, bleu,
gris, violet et roux. Sur le bord, un monogramme
composé des lettres G A B (*Giovanni Antonibon*), nom
du fabricant.

Le Nove, près de Bassano ; xviiie siècle.

526. *Tasse et soucoupe.*

Hauteur : 0m078. Diamètre de la tasse : 0m069. Diamètre de la soucoupe : 0m130.

Tasse en forme de tulipe ; fond blanc, bordure
rouge et or. Sur le devant, des armoiries surmontées d'un chapeau d'évêque : taillé d'azur et de
sinople à la bande d'argent, sous un chef d'or chargé
d'une aigle à deux têtes de sable. Dessin en rouge,
remplissage en or. Même ornementation sur la soucoupe, mais l'écu ne porte que les initiales O P entrelacées. Au revers des deux pièces, la marque de
fabrique : *V e n ª*, tracée en rouge *(Venezia)*.

Porcelaine de Venise ; xviiie siècle.

527. *Flacon.*

Hauteur : 0m156.

Il est de forme cylindrique. Sur la panse, recouverte d'une teinte grise, rose et verte imitant le
marbre, deux médaillons à encadrement de style
rocaille : une paysanne montée sur un âne et portant un enfant, suivie d'un paysan qui joue de la
flûte ; et deux paysans conduisant un âne chargé
de jarres d'huile ; bordure rouge et bleue, rehauts
d'or. Sous le flacon la lettre A et le chiffre 12.

Porcelaine d'Alcora ; xviiie siècle.

POTERIES DIVERSES

528. *Petit vase en forme de rython.*

Hauteur : 0ᵐ090. Largeur : 0ᵐ110.

Il est décoré de feuilles de lierre et de perles en
relief; l'anse est formée par une double cordelette.
Terre rouge vernissée en vert sombre.

Époque romaine.

529. *Coupe circulaire. La Nature.*

Diamètre : 0ᵐ250.

Au centre, la Nature sous la figure d'une femme
debout, vêtue à l'antique, un sceptre dans la main
droite, une palme dans la main gauche. Près d'elle,
à terre, des fruits de toute espèce, des vases contenant des perles; au second plan, différents animaux, parmi lesquels on distingue un lion, un éléphant, une licorne, un chameau. Fond de paysage.

Sur le bord, des palmettes. Tons blanc, jaune, brun,
bleu, violet, gris. Revers jaspé de bleu, de brun
et de violet.

Suite de Bernard Palissy.

53o. *Plateau.*

Largeur : 0m250. Longueur : 0m310.

Plateau à bord gondolé; terre rouge recouverte
d'un verni brun, décor en or; au centre, dans une
couronne de fleurs, un chiffre formé des lettres L C
entrelacées, surmontées d'une couronne. Sur le
bord, des rinceaux.

Saxe, Bottger; xviiie siècle.

VERRE

VITRAUX

531. *L'Annonciation.*

Hauteur : 0^m60. Largeur : 0^m55.

Dans un cartouche à quatre lobes entouré d'une
bordure de rinceaux et d'ornements imités de la
mosaïque, l'Ange apporte à la Vierge la nouvelle
de sa miraculeuse maternité. La scène est repro-
duite dans ses dispositions traditionnelles. Tons
bleu, rouge, jaune, vert, blanc gris, brun et noir.

Travail français; xiiie siècle.

532. *Un Ange ou un Génie.*

Hauteur : 0^m61. Largeur : 0^m71.

Dans une bordure de grisaille, dont la décoration
consiste en culots juxtaposés, un génie ou un ange
se détache sur un fond bleu. Le corps de ce génie
est à moitié passé à travers un cerceau ou une large
couronne de feuilles de laurier. Des chapelets ou
des chaînes de perles paraissent soutenir en l'air

la couronne de laurier. Ce beau morceau de vitrail rappelle certaines peintures translucides qu'on attribue au verrier lorrain Guillaume Marcillat.

Travail italien ou conçu absolument sous l'influence italienne; xvᵉ siècle.

533*. *La Sainte Famille.*

Hauteur : 0ᵐ56. Largeur : 0ᵐ40.

Au centre du panneau, la Vierge, vue de trois quarts à droite, vêtue d'une robe rouge et d'un manteau bleu, nimbée et assise, presse dans ses deux bras contre sa poitrine l'enfant Jésus. Celui-ci, nimbé, n'ayant pour tout vêtement qu'une légère ceinture, s'appuie du pied gauche sur un coussin, et pose son bras droit sur l'épaule de sa mère. Au second plan, à gauche, on voit saint Joseph accoudé sur une balustrade et indiquant du doigt la scène du premier plan. Fond d'architecture. Vers le bas, à droite, on lit la date 1566. Bordure composée de torsades et de quatre mascarons placés aux quatre angles. Ce vitrail a été acheté à Padoue.

Travail italien (?); 1566.

VERRE ÉGLOMISÉ

534. *La Vierge et l'Enfant Jésus.*

Hauteur : 0m16. Largeur : 0m17.

La Vierge nimbée, assise sur un siège à dossier très élevé, est vêtue d'une robe et d'un manteau, la tête couverte d'un voile. Elle porte sur ses deux bras l'enfant Jésus, entièrement habillé d'une longue robe et la tête entourée d'un nimbe crucifère. Dans des compartiments de forme ovale et à deux lobes, on voit, à gauche, saint Jean-Baptiste, et, à droite, un évangéliste ou un docteur tenant un livre.

Le dessin est obtenu par enlevage sur la feuille d'or qui recouvre la face postérieure du verre. Aux endroits où la feuille d'or a été égratignée, transparaissent, sur la tête et les mains, un ton noir, sur la robe de la Vierge un ton rouge, et, sur son manteau, un ton bleu. Cette belle pièce est à comparer avec quelques verres églomisés de la collection du marquis d'Azeglio, au *Museo civico* de Turin.

Travail de l'école italienne; xive siècle.

(Voir d'autres verres églomisés à la section de l'Orfèvrerie.)

35

MOSAÏQUE

535. *Saint Georges combattant le dragon.*

Médaillon circulaire.

Diamètre : 0ᵐ21.

Saint Georges, nimbé et revêtu d'une armure et
d'un manteau rouge flottant au vent, est monté sur un
cheval au galop et enfonce sa lance dans la gueule
du dragon. Cette pièce, qu'il faut rapprocher d'une
autre mosaïque possédée déjà par le musée du
Louvre (Nᵒ B. 341), a été achetée à Florence.

Travail grec du xiiiᵉ siècle.

VERRERIE

536. *Coupe basse.*

Diamètre : 0m125. Hauteur : 0m065.

Verre bleu foncé. Bord uni; panse côtelée extérieurement.

Époque romaine.

537. *Coupe basse.*

Diamètre : 0m120. Hauteur : 0m058.

Verre verdâtre. Bord uni; panse côtelée extérieurement. Cette coupe est fracturée.

Époque romaine.

538. *Lampe de mosquée.*

Diamètre : 0m170. Hauteur : 0m270.

La panse, ornée à sa partie supérieure de six petites anses, est formée de deux cônes tronqués

superposés, un troisième cône tronqué forme le col;
pied de forme également conique. Sur toute la surface de la lampe sont représentées des fleurs dorées, dessinées en émail rouge, sur fond bleu lapis;
six médaillons circulaires, trois sur la panse, trois
sur le col, offrent des armoiries ou *renk* : de gueules
au chef d'argent chargé d'un sabre de gueules posé
en fasce, abaissé sous un autre chef d'or.

D'après les renseignements qu'a bien voulu nous
fournir M. Lavoix, cette lampe aurait appartenu à
un émir ayant vécu sous un des sultans d'Égypte,
soit de la dynastie des Circassiens, soit de la dynastie des Baharites. La lampe doit avoir été fabriquée
de l'an 1280 à l'an 1320.

Égypte; xiiie-xive siècles.

Musée du Louvre.

539. *Coupe à ombilic.*

Diamètre : 0^m190. Hauteur : 0^m048.

Le fond est godronné extérieurement. Sur le
bord, on lit, réservée sur fond d'or, l'inscription :
FIAT VOLVNTAS TVA SICVT.

Venise; commencement du xvie siècle.

540. *Coupe légèrement resserrée vers les bords.*

Diamètre : 0^m165. Hauteur : 0^m090.

Elle est entièrement recouverte de motifs d'ornements gravés : sous le fond on voit une rosace

entourée (dauphins adossés et d'une couronne
de fruits. Sur les côtés, des dragons, séparés par
des vases de fleurs et deux écussons chargés d'un
lion, soutenus par des génies. Bordures d'entrelacs
et de feuillages. Le bord a été doré.

Venise; xvie siècle.

541. *Petite coupe basse.*

Diamètre : 0^m090. Hauteur : 0^m037.

De forme hémisphérique et légèrement aplatie,
elle est bordée d'une frise ornée de perles d'émail
blanc, rouge et vert; elle porte des traces de dorures.

Venise; xvie siècle.

542. *Flacon à long col en verre bleu tur-*
quoise.

Hauteur : 0^m180.

Panse hémisphérique sur fond plat et rentré en
cul de bouteille; le goulot est renflé à sa base et
muni d'un petit rebord à son orifice. Ce flacon est
fracturé.

Venise; xvie siècle.

543. *Verre à boire à bords plats.*

Hauteur : 0^m180.

Le calice, de verre vert, est formé de cinq disques
superposés formant un cône terminé par un large

bord plat. Le pied en balustre, de verre incolore,
orné de mufles de lions dorés, repose sur une patte
circulaire en verre vert.

Venise; xvie siècle.

544. *Verre à boire.*

Hauteur : 0m138.

Il est en forme de cône renversé, monté sur un
pied bas. Sur le calice, orné d'une bordure de perles
d'émail blanc, rouge et bleu, sur fond d'or, deux
écussons de forme italienne; d'azur au sautoir de
gueules accompagné de quatre têtes de lion d'or,
adossées, deux en chef et deux en pointe, et de deux
flammes au naturel.

Venise; xvie siècle.

545. *Gobelet avec ornements rapportés et dorés.*

Hauteur : 0m150.

De forme cylindrique, il est plus étroit à son ouverture que vers le fond; sur la panse sont rapportés des perles et des mufles de lions dorés;
pied bas à nœud godronné.

Venise; xvie siècle.

546. *Vase à bords gaufrés.*

Hauteur : 0m125.

Verre vert. La partie inférieure du vase reproduit
les imbrications d'une pomme de pin; la partie su-

périeure, unie, a été repliée huit fois. Sur les côtés, deux petites anses en forme de volute; pied bas.

Venise; xvie siècle.

547. *Verre à huit pans.*

Hauteur : 0m135.

Calice à huit pans, godronné à sa partie inférieure et orné de trois anneaux mobiles passés dans des volutes de verre bleu; tige en balustre et pied large et circulaire.

Venise; xvie siècle.

548. *Coupe plate*

Hauteur : 0m131.

Légèrement creusée à son centre, la coupe repose sur un haut pied à balustre et sur une patte circulaire et plate.

Venise; xviie siècle.

549. *Coupe gaufrée.*

Hauteur : 0m150.

La coupe, ornée de stries circulaires, est à huit godrons. Elle repose sur un pied à nœud en forme de cône renversé, également godronné. Le bord de la coupe porte des traces de dorure.

Venise; xviie siècle.

550. *Verre en forme de tulipe.*

Hauteur : 0m210.

De verre vert, il repose sur un petit pied bas circulaire surmonté d'un nœud méplat godronné et
doré.

Venise; xviiᵉ siècle.

551. *Verre à boire.*

Diamètre : 0m120. Hauteur : 0m1/5.

Le calice affecte la forme d'un cône renversé.
D'un côté on voit un buste de femme de profil à
gauche, émaillé de blanc, noir, bleu lapis, rouge
sombre et jaune, avec rehaut d'or. De chaque côté
du buste, sur deux banderoles, l'inscription : SVR
TOVTE — COHVSE (*lisez* CHOVSE), tracée en noir
sur fond blanc. De l'autre côté, un écusson d'azur
au chevron d'or, accompagné de neuf billets d'or,
trois à dextre, trois à senestre, trois en pointe.
Au-dessus, une bordure bleu, blanc, rouge et or.
Large pied circulaire réuni au calice par un nœud
hémisphérique légèrement aplati, décoré d'ornements émaillés.

Reproduit dans la *Gazette des Beaux-Arts*, t. xviii, 2ᵐᵉ période, p. 667, et dans *L'Art ancien à l'Exposition de 1878*,
p. 279.

France; xviᵉ siècle.

Musée du Louvre.

552. *Grand vase à deux anses et à couvercle.*

Hauteur : 0m530.

De forme cylindrique et renflé à son ouverture et vers le fond, il est flanqué de deux grandes anses en volute. Le fond est orné de gros godrons reproduits également sur le pied, qu'un nœud de forme aplatie, orné de filets d'émail blanc sur fond d'or, rattache à la panse. Le couvercle, de forme légèrement conique et godronné en spirale, est surmonté d'un bouton et accosté de deux volutes en verre tordu. L'une de ces volutes a disparu; le vase est fêlé.

Gravé dans : Le baron Davillier, *Arts décoratifs en Espagne*, p. 73.

Espagne; premier tiers du xvie siècle.

553. *Drageoir.*

Hauteur : 0m250.

Il est de forme cylindrique et repose sur un pied étroit et circulaire. Le couvercle est surmonté d'une tige terminée par une boule. La panse et le couvercle sont couverts de feuillages et d'oiseaux émaillés, en blanc, vert, bleu et jaune.

Barcelone; xvie siècle.

Musée du Louvre.

554. *Buire.*

Hauteur : 0m265.

La panse est de forme ovoïde; col resserré, orifice trilobé, anse relevée et recourbée. Sur la panse

Nᵒ 352 du Catalogue.

et le col, des frises de feuillages émaillés en vert.
sur un fond ponctué de jaune. alternent avec de
larges bandes dorées.

Reproduit en couleur dans : Le baron Charles Davillier,
Arts décoratifs en Espagne. planche I.

Barcelone ; xvie siècle.

Musée du Louvre.

555. *Flacon à long col.*

Hauteur : 0^m238.

La panse, en forme de cône renversé, repose sur
un pied bas muni d'un nœud méplat. Le col, élevé,
en forme de goulot de bouteille, est muni d'un petit
rebord à son orifice. La panse, le pied et le col sont
couverts de feuillages disposés symétriquement et
d'oiseaux. Émaux vert clair, jaune, bleu et blanc.

Barcelone ; xvie siècle.

556. *Coupe.*

Diamètre : 0^m190. Hauteur : 0^m075.

De forme presque plate, elle repose sur un pied
bas muni d'un nœud aplati. Sur la coupe, autour
d'un médaillon dont le centre est occupé par une
croix, des festons et des oiseaux ; sur le pied, des
feuillages. Émaux vert clair, jaune, bleu et blanc.

Barcelone ; xvie siècle.

557. *Coupe.*

Diamètre : 0^m205. Hauteur : 0^m065.

De forme presque plate, elle repose sur un pied
bas muni d'un nœud aplati ; la patte a disparu. Sur

la coupe, autour d'un médaillon circulaire occupé par le monogramme IHS (*Jésus*), sont disposés symétriquement des feuillages et des oiseaux Émaux vert clair, jaune, bleu et blanc.

Barcelone; xvie siècle.

558. *Vase en forme de lion couronné.*

Hauteur : 0^m290.

Il affecte la forme d'un lion en ronde bosse, accroupi, les deux pattes de devant posées sur une sorte d'écusson en forme de volute; une couronne à quatre pointes posée sur la tête du lion forme un goulot, et la queue de l'animal, deux fois repliée, en forme un second. La crinière, l'écusson et la couronne portent des traces de dorures. Pied bas et gaufré surmonté de deux nœuds méplats, godronnés, et offrant des traces de dorure.

Espagne; xvie siècle.

MEUBLES

MEUBLES

559. *Fauteuil pliant en forme d'X.*

Hauteur : 0m80. Largeur : 0m61. Épaisseur : 0m49.

Ce meublé est incrusté d'ivoire, de nacre, de bois
de couleur, d'étain. Le dessin de la marqueterie
affecte la forme d'étoiles. Dossier en cuir. Bois de
noyer. Acheté à Bergame.

Travail italien ; xvᵉ siècle.

560. *Stalle de chœur.*

Hauteur : 1m23. Largeur : 0m95. Épaisseur : 0m53.

Ce meuble, enrichi à la fois d'ornements en relief
et de travaux de marqueterie, était destiné, dans le
chœur d'une église, à servir soit à l'officiant, soit à un
dignitaire ecclésiastique. Le siège et les accoudoirs
sont supportés par deux consoles découpées et
sculptées. Le dossier est orné au fond d'un panneau
de marqueterie : une petite frise, produit du même

art industriel, sépare le dossier du fronton. Celui-ci est décoré de rinceaux de feuillages sculptés en relief et terminé par une coquille. Bois de noyer.

Travail italien ou français sous l'influence italienne xvie siècle.

561. *Chaire.*

Hauteur : 2^m23. Largeur : 0^m72. Épaisseur : 0^m57.

Le siège est décoré de rosaces inscrites dans des losanges. Les bras sont soutenus par des balustres, le dossier est garni d'un panneau flanqué de deux pilastres et décoré de rinceaux au centre desquels on voit un médaillon représentant un buste d'homme barbu, revêtu du costume du xvie siècle. Dans le fronton, séparé du panneau précédent par une frise très basse chargée d'un mascaron d'enfant et de rinceaux, une femme est sculptée en bas-relief. Celle-ci, portant le costume du xvie siècle, est vue en buste et tient une fleur à la main. Les deux rampants de ce fronton sont décorés de chimères ailées tenant des écussons sans armoiries. Bois de noyer.

Travail français ; première moitié du xvie siècle.

562. *Chaise tournant sur pivot.*

Hauteur : 1^m29. Largeur : 0^m60. Épaisseur : 0^m47.

Sur un pied unique, portant par trois griffes sur le sol et renforcé de six consoles, est placé un siège mobile et découpé en demi-cercle avec un bec par devant. Au-dessus du siège, les bras, soutenus par

des balustres, dessinent également la même courbe.
Le dossier, très étroit, est à claire-voie et formé d'un
cadre rempli par deux balustres posés l'un sur
l'autre. La décoration de ce meuble consiste dans
des compartiments d'ébène et de bois de deux
couleurs. Bois de noyer.

Travail du Midi de la France; xvie siècle.

563. *Chaise tournant sur pivot.*

Hauteur : 1m31. Largeur : 0m63. Épaisseur : 0m41.

Monté sur un pied unique s'appuyant par trois
griffes sur le sol, le siège, qui est mobile, affecte une
forme générale triangulaire, tandis que les bras
dessinent un demi-cercle. Le dossier est formé d'un
fronton au centre duquel est sculpté un mascaron
entouré de feuillages. Au milieu du dossier, la lettre
Y se détache en marqueterie sur un fond de bois
plus clair. Bois de noyer.

Travail français; xvie siècle.

564. *Chaise.*

Hauteur : 1m30. Largeur : 0m61. Épaisseur : 0m39.

Monté sur quatre pieds, qui affectent, en plan, la
forme triangulaire et qui sont réunis en bas par des
barres, le siège de ce meuble est taillé en demi-
cercle. Les bras suivent également la même courbe.
Le panneau, qui sert de dossier, est décoré d'un bas-

relief représentant une arcade en perspective. Fronton de feuillages. Bois de noyer.

Travail français; xvɪᵉ siècle.

565. *Chaise.*

Hauteur : 1ᵐ12. Largeur : 0ᵐ57. Épaisseur : 0ᵐ40.

La forme de ce meuble est triangulaire. Les pieds sont réunis en bas par des barres. Les bras, légèrement courbés, se terminent par devant en tête de bélier. Le dossier est décoré d'une niche dans laquelle on voit, sculptée en bas-relief, une amazone entièrement nue prenant de la main droite une flèche dans son carquois et tenant un arc de la main gauche. Au-dessus de la niche, entre deux consoles, petite frise décorée d'une rosace en marqueterie. Autre frise de même travail en avant du siège. Bois de noyer.

Travail français; xvɪᵉ siècle.

566. *Chaise.*

Hauteur : 1ᵐ20. Largeur : 0ᵐ61. Épaisseur : 0ᵐ48.

Les pieds sont réunis par quatre barres. Le dossier à claire-voie est muni au milieu d'un montant en forme de balustre. Les bras, légèrement courbés vers le milieu, se relèvent par devant et s'appuient sur des supports en forme d'S. Au-dessous du siège est fixé un tiroir fermant à clef. Bois de noyer.

Travail français; époque de Henri IV.

567. *Coffre.*

Hauteur : 0m81. Largeur : 0m66. Épaisseur : 0m53.

Ce coffre est décoré sur sa face antérieure de cinq panneaux de marqueterie à dessins géométriques. Le bas a été restauré. Bois de noyer.

Travail du nord de l'Italie ou du sud de l'Allemagne; xve siècle.

568. *Coffre de mariage.*

Hauteur : 0m66. Largeur : 1m65. Épaisseur : 0m54.

Ce meuble, qui affecte la forme d'un sarcophage, est porté sur quatre griffes de lion. Sa décoration est divisée en deux zones ou frises. Dans la zone supérieure, qui est concave, des festons, soutenus vers les angles par des génies, sont rattachés entre eux par des mascarons munis d'ailes. Au-dessus des festons, dans le champ resté libre, deux flambeaux, un autel allumé, un vase à libations et deux pipeaux. La zone, ou frise inférieure, convexe, est interrompue par des triglyphes; elle est décorée de deux cartouches et d'un écu chargé d'une bande et d'une rose. Bois de noyer.

Travail italien; xvie siècle.

569. *Coffre.*

Largeur : 0m775. Hauteur : 0m410. Épaisseur : 0m38.

Ce coffre est orné sur trois de ses faces de quatre bustes de personnages antiques sculptés en bas-relief et entourés d'une bordure en forme de cou-

ronne de feuillage. Les deux médaillons placés sur
la face antérieure sont réunis entre eux par une
cordelière. Bois de noyer.

Travail français; première moitié du xvie siècle.

570. *Coffre.*

Hauteur : 0^m88. Largeur : 1^m40. Épaisseur : 0^m64.

La face antérieure est divisée en cinq panneaux
décorés d'arabesques et de feuillages, et séparés
entre eux par des pilastres; le panneau du milieu,
sur lequel était fixée la serrure, est de dimensions
plus restreintes que les quatre autres. Les deux
faces latérales sont ornées chacune d'un panneau
portant un motif de décoration analogue. Le meuble
s'appuie en avant sur deux colonnes engagées,
faisant office de contreforts. Au bas règne une
plinthe divisée en quatre panneaux d'arabesques,
deux par devant et un sur chaque face latérale.
Au-dessus de la serrure, écusson armorié, mais
dont les armoiries originales ont été retouchées, au
moins dans les fleurs de lys. Bois de noyer.

xvie siècle.

571. *Buffet.*

Hauteur : 2^m12. Largeur : 1^m65. Épaisseur : 0^m57.

Ce meuble se compose de deux corps, séparés
par une frise sur laquelle s'ouvrent deux tiroirs. Le
corps supérieur est formé de deux panneaux de
bois de noyer et de trois niches surmontées de
pinacles de même essence. Les panneaux, décorés

d'un buste d'homme et d'un buste de femme, sont
insérés dans des montants de bois de chêne. Le
corps inférieur a reçu la même décoration, avec
cette différence que les niches sont remplacées par
des panneaux en forme de pilastres chargés d'arabesques. Les faces latérales et la partie supérieure,
faisant fonction de dressoir, sont formées de panneaux dits à serviettes ou à parchemins roulés.

Première moitié du xvie siècle.

572. *Soufflet.*

Hauteur : 0^m81. Largeur : 0^m32.

L'aile du devant est décorée d'un cartouche ou
médaillon compliqué, accosté de deux cariatides
ailées et surmonté de deux génies soutenant une
guirlande. Au centre de ce médaillon, et se détachant
sur un autre cartouche, une femme nue. Au-dessous,
une tête de diable dans la bouche duquel est em-
manché le tuyau. Le manche porte un écu coupé
de... à l'aigle éployée et de... à la tête de More. Sur
l'aile de dessous on voit un grand mascaron grotesque dont la bouche sert de prise d'air. Bois de
noyer.

Travail italien ; xvie siècle.

573. *Table.*

Hauteur : 0^m81. Largeur : 1^m28. Épaisseur : 1^m00.

Cette table est montée sur deux pieds chantournés
réunis en bas par une traverse. Les pieds sont décorés, sur leur face extérieure, de griffes de lion, de
volutes et de deux hommes nus soutenant, de leurs

deux bras élevés, une draperie passée derrière leur
dos. Même décoration sur la face intérieure, avec
cette différence que les figures d'hommes nus ne
sont pas répétées et qu'on n'aperçoit que la draperie tendue, au-dessous de laquelle un ours est
représenté de chaque côté. Cette table est recouverte d'un marbre très épais, addition postérieure.
Bois de noyer.

Gravé en partie dans la *Notice* de M. Eudel, p. 9. Voyez
également ci-dessus, p. 9,

Travail français; xvie siècle.

CUIR

CUIR

574. *Gaine de couteau gaufrée et gravée.*

Hauteur : 0ᵐ24. Largeur : 0ᵐ11.

Cette gaine, qui affecte la forme d'une *fonte* de
selle, est décorée de rinceaux de fleurs sortant d'un
vase, d'un phénix renaissant de ses cendres sous les
rayons du soleil, et d'un écusson sans armoiries.
Elle était destinée à être suspendue à un cordon et
à contenir une trousse de maître-queux.

Travail italien; xvᵉ siècle.

575. *Étui gravé et gaufré.*

Hauteur : 0ᵐ18. Largeur : 0ᵐ10. Épaisseur : 0ᵐ05.

Destiné à être porté suspendu à un cordon, cet
étui a reçu, d'un côté, une décoration gravée composée de rinceaux et d'un écu au chef de... chargé

de trois fleurs de lys, et à la bande chargée de trois roses et accompagnée de deux étoiles à huit rais. De l'autre, il porte une ornementation en creux obtenue par l'application d'un fer reproduisant des rinceaux de feuillages.

Travail italien; fin du xve siècle.

TISSUS

TAPISSERIES

576. *Conversation d'amoureux.*

Hauteur : 2^m58. Largeur : 2^m09.

Au milieu d'un parc rempli de lapins, une jeune femme, vêtue d'une robe bleue fourrée d'hermine, est assise sur l'herbe, tenant un faucon sur le poing et appelant à elle un chien qui bondit. Un jeune gentilhomme, couvert d'un pelisson rouge fourré d'hermine, s'avance vers elle et lui présente un cœur. Costumes du temps de Charles VI.

Cette pièce est à comparer d'une manière générale avec les dessins n°s 635 et 636 du *Catalogue des dessins du Musée du Louvre* et avec les *Dames et hommes pêchant à la ligne*, tenture signalée dans *La Tapisserie*, par M. Eugène Müntz, p. 119. Il faut rapprocher ce sujet de certaines compositions représentées sur les tapisseries du duc Louis d'Orléans. Voyez A. Champollion-Figeac, *Documents paléographiques relatifs à l'histoire des Beaux-Arts*, p. 178.

Travail français ou flamand de la fin du
xive siècle ou du commencement du xve.

577. *La Résurrection.*

Hauteur : 0m77. Largeur : 2m40.

Au milieu d'un paysage verdoyant et en avant
d'une forêt, le Christ, assisté de deux anges, sort
radieux du sarcophage qui lui a servi de tombeau.
Il tient un étendard de la main gauche et bénit de la
droite. Aux deux extrémités du sarcophage, on voit
un soldat armé de toutes pièces, vêtu du costume
militaire de la fin du xive siècle ou du commencement
du xve, et endormi, les bras appuyés sur son bouclier.
L'un des soldats porte une lance; l'autre une halle-
barde.

Les deux soldats sont gravés dans *Le baron Davillier*, par
M. Paul Eudel, p. 51.

Travail flamand ou espagnol; commencement
du xve siècle.

578. *La Vierge glorieuse.*

Hauteur : 2m05. Largeur : 2m85.

Le panneau est divisé en trois compartiments et
reproduit un triptyque de l'école de Bruges. Le
tapissier a imité jusqu'aux baguettes dorées qui
encadrent la composition et jusqu'aux piliers à clochetons qui séparent le panneau central des volets.

Panneau central. Dans un encadrement de style
gothique, la Vierge tient sur ses genoux l'enfant
Jésus jouant avec une pomme, tandis que deux
anges, agenouillés devant elle, exécutent un concert
sur la harpe et sur le luth. Deux autres anges
déposent un diadème d'or sur sa tête, au-dessus

No 578 du Catalogue.

de laquelle ils planent. Le Saint-Esprit, sous la forme d'une colombe entourée d'un nimbe, apparaît au-dessus du diadème, et, plus haut, Dieu le Père, vu en buste, consacre par sa présence le couronnement de la Vierge. La scène se passe dans le chœur d'une église gothique. Au premier plan, on voit une fontaine.

Panneau ou volet de gauche. — *Le frappement du rocher*. Moïse tient de la main gauche la baguette dont il vient de frapper le rocher. Les Hébreux se désaltèrent. Une ville dans le lointain. Au-dessus, deux prophètes vus en buste, Isaïe avec cette légende : OMNES SITIENTES VENITE AD ME. Ysaie l. V°, et Joel, avec cette légende : ET FONS DE DOMO DOMINI EGREDIETVR. Joel III°.

Panneau de droite. — *La piscine probatique*. Sous un édicule de style gothique, un ange, vêtu d'une dalmatique, agite l'eau de la piscine. Près d'elle, un aveugle et un malade couché à terre. Dans le fond se détache la silhouette d'une ville, et on voit le Christ bénissant un malade agenouillé dans une chambre. Au-dessus, deux personnages vus à mi-corps, le roi David avec la légende : SITIVIT ANIMA MEA AD DEVM FORTEM VIVVM. Psal. 51, et le prophète Ézéchiel, avec cette légende : ET EFFVNDAM SVPER VOS AQVAM MVNDAM.

Au bas de l'ensemble des trois compositions, on lit la légende suivante, qui forme deux lignes : FONS ORTORVM PVTEVS AQVARVM VIVEN- TIVM QVE FLVVNT IMPETV DE LIBANO. CANTICORVM IIII° ACTVM ANNO 1485.

DE PETRA MVNDA FLVXIT SICIENTIBVS VNDA . EXODI . XVII°.

CVRAT LANGVENTES PISCINA PROBATICA
MENTES . IO . V°.

Gravé dans la *Gazette des Beaux-Arts*, tome X, 2me période,
p. 51; dans *La Tapisserie* d'Eugène Müntz, p. 143, et dans la
Notice de M. Eudel, pp. 9 et 53.

Travail flamand; fin du xve siècle.

579. *Ensevelissement du Christ.*

Hauteur : 1^m14. Largeur : 2^m15.

Dans un paysage accidenté, dominé par le Calvaire
et ses trois croix, le Christ mort est posé sur un lit.
La Vierge, accompagnée d'une sainte femme, soutient le bras droit du Christ. Saint Jean soulève sa
tête. Madeleine, éplorée, est agenouillée au pied du
lit. A côté, Joseph d'Arimathie porte le marteau et
les clous. Deux écussons semblables, coupés de
gueules et d'azur, le champ de gueules chargé d'un
plateau de balances d'or, sont suspendus de chaque
côté à des arbres. Bordure composée de feuilles, de
fleurs et de grappes de raisins.

Travail flamand; commencement du xvie siècle.

580. *Apparition du Christ à la Madeleine.*

Hauteur : 1^m85. Largeur : 1^m67.

Au premier plan d'un paysage, en avant d'un
bouquet d'arbres et d'une palissade, le Christ nimbé,
couvert d'un ample et riche manteau de pourpre, la
main droite appuyée sur une bêche, apparaît sous
la forme d'un jardinier. La Madeleine, agenouillée,
vêtue d'un corsage de brocart rouge et d'un brillant

costume de patricienne flamande, exprime, en étendant les bras, la surprise que lui cause cette apparition. Devant elle est ouvert son vase à parfums. Dans le fond, plusieurs autres scènes d'apparition du Christ, et, à gauche, des constructions dans le goût de la Renaissance. Bordure d'arabesques interrompues par des cartouches portant le nom de IHESVS. — Acheté à Bologne.

Gravé dans la *Gazette des Beaux-Arts*, tome X, 2me période, p. 53.

Travail flamand ; commencement du XVIe siècle.

BRODERIES

581. *Un Ange.*

Soie appliquée sur un canevas rembourré.

Hauteur : 0m23. Largeur : 0m22.

Sur un fond losangé, un ange, les ailes déployées, se détache en relief. Tourné vers la droite, il est agenouillé, vêtu d'une dalmatique et d'une lourde chape; il tient à la main gauche un sceptre fleurdelisé. La broderie, qui affecte l'apparence d'une sculpture, est composée de fils d'or, d'argent et de soie bleue, rouge, jaune et verte. — Acheté à Florence.

Travail flamand; xve siècle.

582. *Un Ange.*

Soie appliquée sur un canevas rembourré.

Hauteur : 0m23. Largeur : 0m22.

Même composition que ci-dessus, en sens inverse. L'ange tient ici un phylactère. — Acheté à Florence.

Travail flamand; xve siècle.

TABLE DES MATIÈRES

PARIS — IMPRIMERIES RÉUNIES

Rue du Four, 54 bis. — 1905.

9 782329 432144